五 洲 四 海

"一带一路"文化遗产保护成果图集

国 家 文 物 局
中国文化遗产研究院

编

文物出版社

图书在版编目（ＣＩＰ）数据

　　五洲四海 ："一带一路"文化遗产保护成果图集 / 国家文物局， 中国文化遗产研究院编．－－ 北京 ： 文物出版社，2024.6
　　ISBN 978-7-5010-8196-7

　　Ⅰ．①五… Ⅱ．①国… ②中… Ⅲ．①"一带一路"－文化遗产－保护－成果－世界 Ⅳ．① K103

　　中国国家版本馆 CIP 数据核字（2023）第 179770 号

五洲四海

"一带一路"文化遗产保护成果图集

编　　者　国家文物局
　　　　　中国文化遗产研究院
责任编辑　许海意
责任印制　王　芳

出版发行　文物出版社
社　　址　北京市东城区东直门内北小街 2 号楼
邮　　编　100007
网　　址　http://www.wenwu.com
经　　销　新华书店
印　　刷　北京雅昌艺术印刷有限公司
开　　本　787mm×1092mm　1/8
印　　张　32
版　　次　2024 年 6 月第 1 版
印　　次　2024 年 6 月第 1 次
书　　号　ISBN 978-7-5010-8196-7
定　　价　800.00 元

编辑委员会

主　任
李　群

副主任
关　强　　解　冰

委　员
李六三　凌　明　温大严　金瑞国　邓　超
闫亚林　刘　洋　朱　晖　李向东　李　黎

撰稿团队

总编纂
郑子良

副编纂
朱稚怡　燕海鸣

撰　稿
郑子良　燕海鸣　赵　杰　王天辰　张依萌
袁濛茜　杨　竹　郭开凤　解　立　宗　树

翻　译
燕海鸣　解　立　聂江波　刘心宁　樊　钰

审稿专家
葛承雍　王刚毅

装帧设计
宗　树

致谢

（资料提供与支持单位　按拼音字母排列）

北京大学考古文博学院　　　河南省文物考古研究院　　　山东省文物局　　　　　　云南省文物考古研究所
北京市文物局　　　　　　　湖北省文化和旅游厅　　　　山东省文物考古研究院　　浙江省文物局
东南大学建筑学院　　　　　湖北省博物馆　　　　　　　陕西省文物局　　　　　　浙江大学艺术与考古学院
敦煌研究院　　　　　　　　湖南省文物局　　　　　　　陕西历史博物馆　　　　　中国古迹遗址保护协会
福建省文物局　　　　　　　湖南省文物考古研究所　　　陕西省考古研究院　　　　中国国家博物馆
甘肃省文物局　　　　　　　吉林大学考古学院　　　　　陕西省文物保护研究院　　中国科学技术大学科技史与科技考古系
甘肃省博物馆　　　　　　　洛阳博物馆　　　　　　　　上海市文物局　　　　　　中国人民大学历史学院
故宫博物院　　　　　　　　南京大学历史学院　　　　　上海博物馆　　　　　　　中国社会科学院考古研究所
广东省文物局　　　　　　　内蒙古自治区文物局　　　　首都博物馆　　　　　　　中国丝绸博物馆
广东省博物馆　　　　　　　内蒙古博物院　　　　　　　四川大学历史文化学院　　中国文物交流中心
国家文物局考古研究中心　　内蒙古文物考古研究院　　　同济大学建筑与城市规划学院　中山大学社会学与人类学学院
国际古迹遗址理事会西安国际保护中心　内蒙古大学历史与旅游文化学院　西北大学文化遗产学院　波波鸿途（北京）国际文化传媒有限公司
黑龙江大学历史文化旅游学院　青海省文物局　　　　　　西藏自治区文物局
河南省文物局　　　　　　　青海省博物馆　　　　　　　西藏博物馆
河南博物院　　　　　　　　泉州海外交通史博物馆　　　云南省文物局

目 录

前　言

　　文明因交流而多彩，文明因互鉴而丰富。两千余年来，丝绸之路宛若一座金桥，把中国和世界紧密联系在一起。古老而漫长的丝绸之路，沿线留下了丰厚的文化遗产。这些珍贵的遗产遗迹，既是记载历史的"活化石"，也是文明交流的符号，成为人类文明的宝贵遗产。

　　中国政府高度重视文化遗产保护工作，不断扩大与丝绸之路沿线国家遗产保护方面交流合作，取得了丰硕成果。通过跨国申遗、展览陈列、保护修缮、联合考古等途径，开展了一系列富有成效的文化遗产保护研究的国际交流与合作。2013 年 9 月 7 日，习近平主席提出共建丝绸之路经济带重大倡议。2013 年 10 月 3 日，习近平主席提出共建 21 世纪海上丝绸之路重大倡议。以"一带一路"建设为引领设计，中国与丝绸之路沿线国家不断扩大文化遗产保护研究交流与合作，高潮迭起，精彩纷呈。2014 年，中国与哈萨克斯坦、吉尔吉斯斯坦联合申报的"丝绸之路：长安—天山廊道路网"成功列入《世界遗产名录》。以此为契机，带动丝路沿线遗产保护研究利用工作，同时海上丝绸之路、万里茶道、中国—南亚廊道等遗产的研究、保护和申遗工作也在有序进行，促进古老丝绸之路焕发出新的生机与活力。

　　2023 年是共建"一带一路"倡议提出十周年。十年来，中国政府与相关国家一道，通过深入开展丝绸之路及其遗产历史价值、科学价值、时代价值等专题研究，实施系列遗产保护展示项目，充分发挥文化遗产在沿线国家经济社会发展中的地位和作用，实现整体价值保护和可持续利用，带动人文沟通合作，促进文明交流互鉴，让古老的丝绸之路焕发崭新的时代光彩。

　　千百年来，在古老的丝绸之路上，各国人民共同谱写出千古传诵的美好篇章。如今我们站在历史的新起点上，要更好地传承古丝绸之路精神，保存好以遗产为载体的不同文明，为后世永续利用提供条件。同时，加大文明阐释和传播力度，全方位展现古老丝绸之路的独特魅力和时代风采，通过文化遗产的保护、研究和传承来促进思想交流，推动文明对话，实现民心相通，不同国家、不同民族在文明交往交流中共同启发、共同进步。

第一编

研究管理

丝绸之路作为一个概念，一百多年来得到国际社会和学术界普遍认可。丝路沿线遗产见证了不同人群或国家在丝路形成、发展中的相互促进与共同进步。人们可以从丝路遗产中感悟和体会不同民族、文化和文明关系的精神力量，遗产也进而受到共建国家及其人民的认同和共同维护。在联合国教科文组织世界遗产中心的协调下，2014 年"丝绸之路：长安—天山廊道路网"成功列入《世界遗产名录》，海上丝绸之路等联合申遗项目也稳步推进。这些都极大提升共建国家政府保护人类文化遗产的力度，积极促进遗产地的经济发展，成为世界文化遗产事业的一个具有划时代意义的创新典范。

匈牙利
Hungary

罗马
Rome

新萨莱
New Sarai

旧萨莱
Old Sarai

塔纳
Tana

莫谢瓦亚·巴勒卡
Moshevaya Balka

黑海
Black Sea

伊斯坦布尔
Istanbul

特拉布宗
Trabzon Trebizond

里海
Caspian Sea 乌尔根齐
Urgench

塔
塔什干
Tashkent

宙格马
Zeugma

大不里兹
Tabriz

雷伊(刺夷)
Rayi

布哈拉
Bukhara

撒马尔罕
Samarkhand

费尔
Fe

安条克
Antioch

地中海
Mediterranean Sea

帕尔米拉
Palmyra

大马士革
Damascus

巴格达
Baghdad

泰西封
Ctesiphon

达姆甘
Damghan

马里(木鹿)
Marv

穆格山
Mug M.

阿克
Acre

伊斯法罕
Isfahan

巴尔赫
Balkh(Bactria)

亚历山大
Alexandria

阿尔西诺
Arsinoe

巴士拉
Basra

赫拉特(也里、哈烈)
Heart

塔克西拉(呾叉始
Taxila

巴米扬
Bamiyan

喀布尔
Kabul

开罗
Cairo

西拉夫
Siraf

札兰杰
Zaranj

白沙瓦
Peshawr

贝雷纳西
Berenice

波斯湾
Persian Gulf

霍儿木兹
Ormuz

马土拉(秣菟
Mathra

埃德哈布
Aydhab

吉达
Jidda

巴巴里贡
Barbaricon

苏哈尔
Sohar

马斯喀特
Muscat

巴里加
Barygaza

阿杜利斯
Adulis

红海
Red Sea

佐法儿
Zufal

阿拉伯海
Arab Sea

木札
Muza

亚丁
Aden

索古答剌岛
Socotra Is.

卡利卡
Calicut

泽拉
Zelia

瓜达富伊角
Cape of Guardafui

科钦(末诏里斯)
Cochin Muzir

弸琶罗
Berbera

印度洋
Indian Ocean

奎隆
Kollam

廓加迪沙
Mogadishu

科摩林角
Cape of Comor

木那瓦
Munawa

马尔代夫群岛
Maldive Is.

马林迪
Malindi

蒙巴萨
Mombasa

桑吉巴尔岛
Zanzibar Is.

基瓦尔
Kilwa

马达加斯加
Madagascar

诺颜乌拉
Noin Ula

巴泽雷克
Pazyrik

和林
Helin

上都(元)
Xanadu (Yuan Dynasty)

也迷离
Emil

阿力麻里
Alimalik

克马克
Tokmak

乌鲁木齐
Urumqi

巴里坤
Barkul

库车
Kucha

什
哈密
Hami

阿克苏
Aksu

库尔勒
Korla

吐鲁番
Turfan

莎车(叶尔羌)
Yarkand

若羌
Ruoqiang

敦煌
Dunhuang

张掖
Zhangye

北京
Beijing

河间
Hejian

天津
Tianjin

登州
Dengzhou

田(于阗)
Khotan

且末
Charchan

大柴旦
Dachaidan

都兰
Dulan

西宁
Xining

武威
Wuwei

清河
Qinghe

成山
Chengshan

黄海
Yellow Sea

釜山
Busan

十米尔
Kasmira

于田
Keria

安阳
Anyang

兰州
Lanzhou

洛阳
Luoyang

浚县
Xunxian

福冈
Fukuoka

格尔木
Golmud

龙涧
Longhe

郑州
Zhengzhou

淮安
Huai an

镇江
Zhenjiang

那曲
Naqu

甘孜
Ganzi

成都
Chengdu

西安
Xi an

扬州
Yangzhou

常州
Changzhou

拉萨
Lhasa

盱眙
Xuyi

苏州
Suzhou

刘家港
Liujiagang

日喀则
Xigaza

大理
Dali

杭州
Hangzhou

宁波
Ningbo

东海
East China Sea

奄美
Amami

迦摩缕波
Kamarupa

保山
Baoshan

福州
Fuzhou

摩揭陀
Magadha

泉州
Quanzhou

基隆
Keelung

加尔各答
Calcutta

蒲甘
Bagan (Pagan)

合浦
Hepu

广州
Guangzhou

河内(交趾)
Hanoi(Jiaozhi)

伊洛瓦底江
Irrawaddy R.

徐闻
Xuwen

孟加拉湾
Bay Of Bengal

日南
Rinan

马尼拉
Manila

曼谷
Bangkok

占婆
Champa

华列拉山(灵山)
Varella M.

德拉斯)
Madras)

安达曼海
Andaman Sea

俄厄
Oc Eo

南海
South China Sea

尼科巴群岛
Nicobar Is.

克拉地峡
Isthmus of Kra

亚齐
Acheh

文莱
Brunei

马六甲
Malacca

新加坡
Singapore

苏门答腊
Sumatra

加里曼丹
Kalimantan

巽他海峡
Sudan Strait

巨港
Pelembang

爪哇
Java

厨闽
Tuban

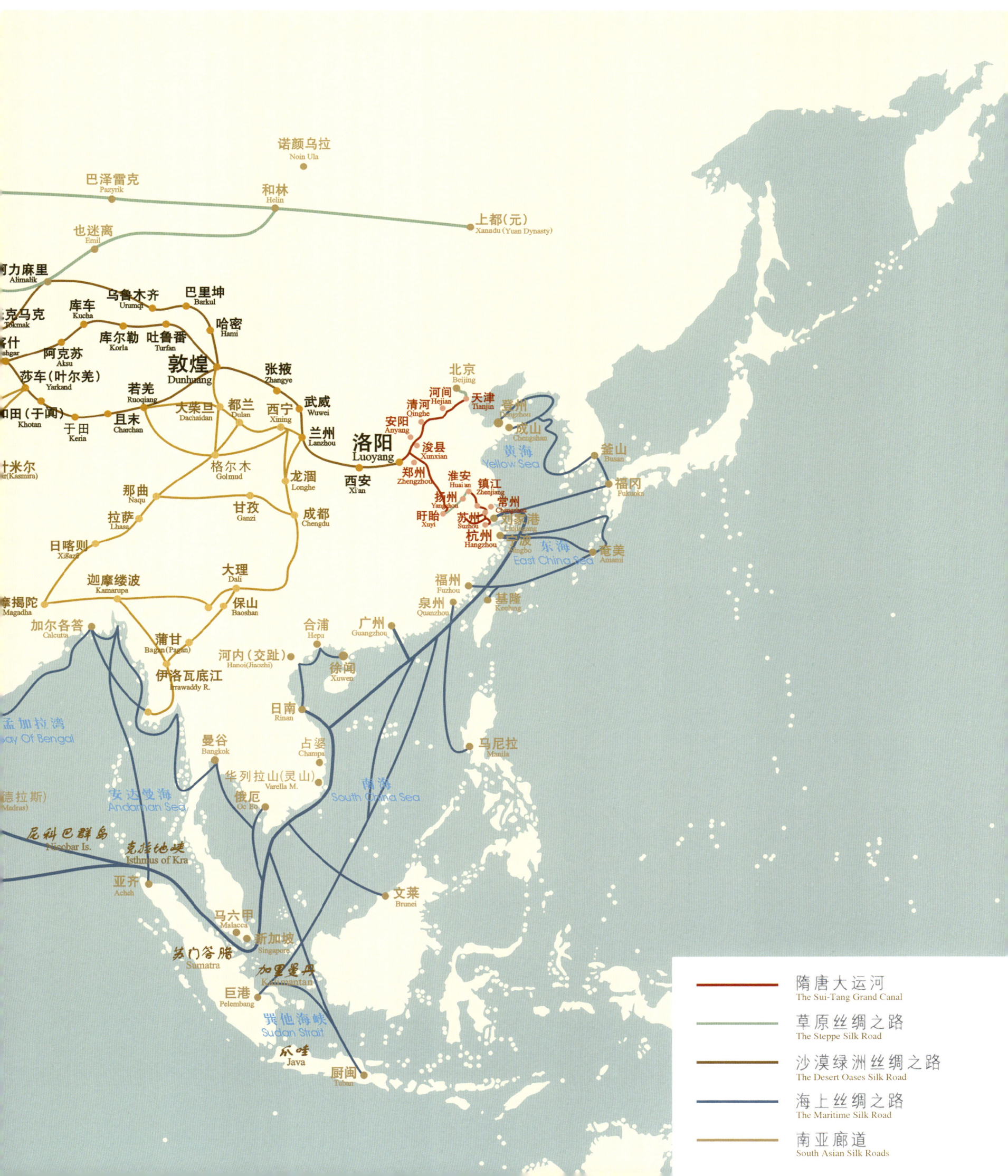

	隋唐大运河 The Sui-Tang Grand Canal
	草原丝绸之路 The Steppe Silk Road
	沙漠绿洲丝绸之路 The Desert Oases Silk Road
	海上丝绸之路 The Maritime Silk Road
	南亚廊道 South Asian Silk Roads

第一节　丝绸之路联合申遗、研究与保护

　　丝绸之路是古代欧亚大陆之间进行长距离贸易的交通古道，横跨欧亚万里大陆。它犹如一条大动脉将古代中国、印度、波斯—阿拉伯、希腊—罗马以及中亚诸多文明联系一起，同时也推动了沿线各国的发展与进步，见证了人类文明的交流与互鉴。

丝绸之路遗产点：中国悬泉置遗址

丝绸之路遗产点：中国大雁塔

一、"丝绸之路：长安—天山廊道路网" 申遗成功

2013 年 1 月，中国、哈萨克斯坦、吉尔吉斯斯坦三国联合正式向联合国教科文组织世界遗产中心提交了"丝绸之路：长安—天山廊道路网"申遗文本。2014 年 6 月 22 日，在第 38 届世界遗产大会上，"丝绸之路：长安—天山廊道路网"正式列入《世界遗产名录》。这是世界上第一段列入遗产名录的丝绸之路遗产。

丝绸之路是从中国汉唐王朝都城长安和洛阳延伸至中亚七河地区、地跨 5000 千米的广阔的道路网络。它自公元前 2 世纪左右形成，一直沿用至 16 世纪。它连接了多个文明，促进了长距离的商业贸易、宗教信仰、科学技术、文化艺术等方面的交流活动。该遗产路网包括中心城镇遗迹、商贸聚落遗迹、交通及防御遗迹、宗教遗迹和关联遗迹等五类代表性遗迹，共计 33 处。

丝绸之路遗产点：玉门关汉长城遗址

丝绸之路遗产点：中国锁阳城遗址

丝绸之路遗产点：中国交河故城遗址

丝绸之路遗产点：中国克孜尔尕哈烽燧遗址

国际古迹遗址理事会西安国际保护中心是西安市人民政府邀请国际古迹遗址理事会联合成立的业务机构，系国际古迹遗址理事会在世界范围内设立的唯一业务中心。国际古迹遗址理事会委托中国古迹遗址保护协会与中国国家文物局、西安市人民政府共同对该中心进行管理。西安国际保护中心致力于宣扬国际古迹遗址理事会的文化遗产保护理念，特别是《西安宣言——关于古建筑、古遗址和历史区域周边环境的保护》的研究与推广，以及文化遗产保护和相关技术人员培训，并通过国际协作推进对丝绸之路沿线文化遗产的研究与保护。

国际古迹遗址理事会西安国际保护中心

中国境内有 22 处丝绸之路遗产构成，包括汉魏洛阳城遗址、隋唐洛阳城定鼎门遗址、新安汉函谷关遗址、崤函古道石壕段遗址、汉长安城未央宫遗址、张骞墓、唐长安城大明宫遗址、大雁塔、小雁塔、兴教寺塔、彬县大佛寺石窟、玉门关遗址、悬泉置遗址、麦积山石窟、炳灵寺石窟、锁阳城遗址、高昌故城、交河故城、克孜尔尕哈峰燧遗址、克孜尔石窟、苏巴什佛寺遗址、北庭故城遗址等。

丝绸之路遗产点：中国高昌故城遗址

丝绸之路遗产点：吉尔吉斯斯坦新城遗址

丝绸之路遗产点：吉尔吉斯斯坦碎叶城遗址

丝绸之路遗产点：哈萨克斯坦阿克亚塔斯遗址

　　哈萨克斯坦有8处遗产点：开阿利克遗址、塔尔加尔遗址、阿克托贝遗址、库兰遗址、奥尔内克遗址、阿克亚塔斯遗址、科斯托比遗址、卡拉摩尔根遗址。

　　吉尔吉斯斯坦境内有3处遗产点：碎叶城（阿克·贝希姆遗址）、巴拉沙衮城（布拉纳遗址）、新城（科拉斯纳亚·瑞希卡遗址）。

　　申遗成功之后，中国和哈萨克斯坦、吉尔吉斯斯坦始终保持密切合作，共同应对丝路世界遗产保护管理的各种挑战。

丝绸之路遗产点：哈萨克斯坦阿克托贝遗址

丝绸之路遗产点：哈萨克斯坦开阿利克遗址

二、费尔干纳—锡尔河廊道塔吉克斯坦段
　　遗产保护管理合作

　　费尔干纳—锡尔河廊道作为丝绸之路连接东西方路网关键的中转站和商贸节点，串联起哈萨克斯坦、吉尔吉斯斯坦、乌兹别克斯坦、塔吉克斯坦四个国家境内的一系列遗产点，体现了古代丝绸之路在中亚的重要交流特征，是"长安—天山廊道路网"申遗成功之后，中国与中亚国家继续延伸丝绸之路世界文化遗产联合申遗的重要举措。

　　2019年12月，国际古迹遗址理事会西安国际保护中心实施费尔干纳—锡尔河廊道塔吉克斯坦段遗产保护管理合作。2020年11月组织召开"费尔干纳—锡尔河廊道申遗塔吉克斯坦段遗产点保护管理规划会议"，对塔吉克斯坦相关遗产的保护管理规划、世界遗产申报流程与标准、世界遗产监测、文化遗产与旅游融合等议题深入讨论，建立塔吉克斯坦费尔干纳—锡尔河廊道遗产点数据库，完成《"丝绸之路：费尔干纳—锡尔河廊道"塔吉克斯坦段保护管理规划的可行性报告》，策划完成了遗产保护管理及监测等方面的能力建设培训课程。

费尔干纳盆地远景图

"费尔干纳—锡尔河廊道"塔吉克斯坦段遗产点分布图

三、"丝绸之路：
中国—南亚廊道"研究

　　"丝绸之路：中国—南亚廊道"是丝绸之路的重要组成部分，是围绕或穿越青藏高原与喜马拉雅山、连接古代中国和南亚的重要线路构成的路网体系：自中国汉唐王朝首都长安向西、南、东南等地区辐射，经中国西北、西南地区，至中亚、南亚、东南亚地区，再至南亚次大陆北部的广袤区域，涉及今天的中国、巴基斯坦、阿富汗、尼泊尔、不丹、印度、缅甸、孟加拉国等国家。中国—南亚廊道也是南亚地区与中国进行政治、贸易、宗教、文化等交流的重要线路，对这一地区文明模式的形成与发展起到了至关重要的作用。

伊宁　吉木萨尔　乌鲁木齐　哈密　吐鲁番　楼兰　玉门关　瓜州　嘉峪关　敦煌　阳关　酒泉　张掖　武威　库车　焉耆　轮台　阿克苏　若羌　且末　田　赤岭　鄯城　兰州　固原　烈谟海　凤林关　临洮　天水　彬县　长安（西安）　黄河沿　众龙驿　汉中　广元　那曲　昌都　绵阳　蜀（成都）　临邛　农歌驿　芒康　武阳　南安　拉萨　林芝　青衣　牦牛　宜宾　南广　吉隆　邛都　朱提　加德满都　丽江　会无　汉阳　腾冲　攀枝花　味县　密支那　青蛉　巴特那　博　嵩唐　昆明　巴莫　龙南　瑞陵　丽　德姆卢格

中国青海出土汉狼噬牛金牌饰

中国西藏札达出土黄金面具

清珐琅八宝纹沐浴瓶

　　中国积极参与由联合国教科文组织推动的"丝绸之路：中国—南亚廊道"的联合申遗与国际合作，于 2017、2018 年在中国西安市连续举办了两次丝绸之路（南亚段）跨国申遗学术研讨会。

　　同时，以国际古迹遗址理事会《丝绸之路主题研究报告》以及《南亚廊道研究报告》为基础，结合尼泊尔、印度、不丹等国近年来共同的会议研讨和研究成果，对中国境内西藏、甘肃、青海、四川、云南等地遗产点进行了广泛调研，并开展了重点遗产的田野调查和考古发掘工作，提出了文化线路遗产的空间、类型特征等初步思路，并草拟了突出普遍价值的相关论述，形成关于丝绸之路南亚段跨国系列申报世界遗产的共识草案。

中国陕西西安出土彩绘胡人俑

中国陕西安康出土西汉鎏金卧蚕

中国新疆山普拉墓地出土汉晋时期人首马身武士壁挂

四、丝绸遗产合作研究与保护

　　中国是世界上最早生产丝织品的国家之一，拥有灿烂的纺织文化，丝绸成为中国古老文化的象征之一。中国及丝路沿线国家的丝绸遗产，见证了中国及相关国家纺织、文化艺术和科学技术的发展，具有独特的历史、艺术和科学价值。

　　2015 年 10 月，中国丝绸博物馆联合 12 个国家 24 家专业机构和团体成立了国际丝路之绸研究联盟，联盟秘书处设在中国丝绸博物馆。自 2016 年起，联盟秘书处每年联合一家会员单位，围绕特定的主题，邀请世界各地的专家学者召开国际丝路之绸研究联盟学术研讨会。同时还策划了"世界丝绸互动地图"项目，通过数字资源的形式将世界范围内与丝绸相关的信息呈现给大众。2020 年 11 月 24 ～ 25 日，组织召开第一届国际丝绸与丝绸之路学术研讨会。中国与俄罗斯、韩国等技术人员还共同开展了丝绸文物修复技术研究工作。

蒙古国诺因乌拉出土汉代刺绣

蒙古国巴泽雷克出土战国时期织锦

中韩专家在修复织金双鹤胸背曲水地团凤纹绸大袖衫

中国技术人员在俄罗斯北高加索修复丝织文物

2013～2017年，中国文化遗产研究院、新疆维吾尔自治区文物局与德国考古研究院联合实施"丝路霓裳——中亚东部公元前10世纪至公元前后的服饰对话"合作项目，以新疆出土公元前1000年至公元300年各类材质的服饰文物为研究对象，开展系统化、多学科的科学研究工作，揭示出公元前10世纪至公元前后新疆地区的气候环境、植被覆盖、地质矿产、畜牧种群等生态特征，染色、鞣皮、剪裁、缝纫、编织等技术工艺，以及不同季节、不同场合、不同人群、不同部落、不同地域之间各类服饰的特点和变化、交流和对话。项目组人员赴新疆对吐鲁番鄯善洋海墓地、新疆博物馆、新疆考古研究所、哈密地区博物馆、吐鲁番地区博物馆等地开展文物的筛选、测量、取样和调研工作，修复完成了一批新疆服饰文物。

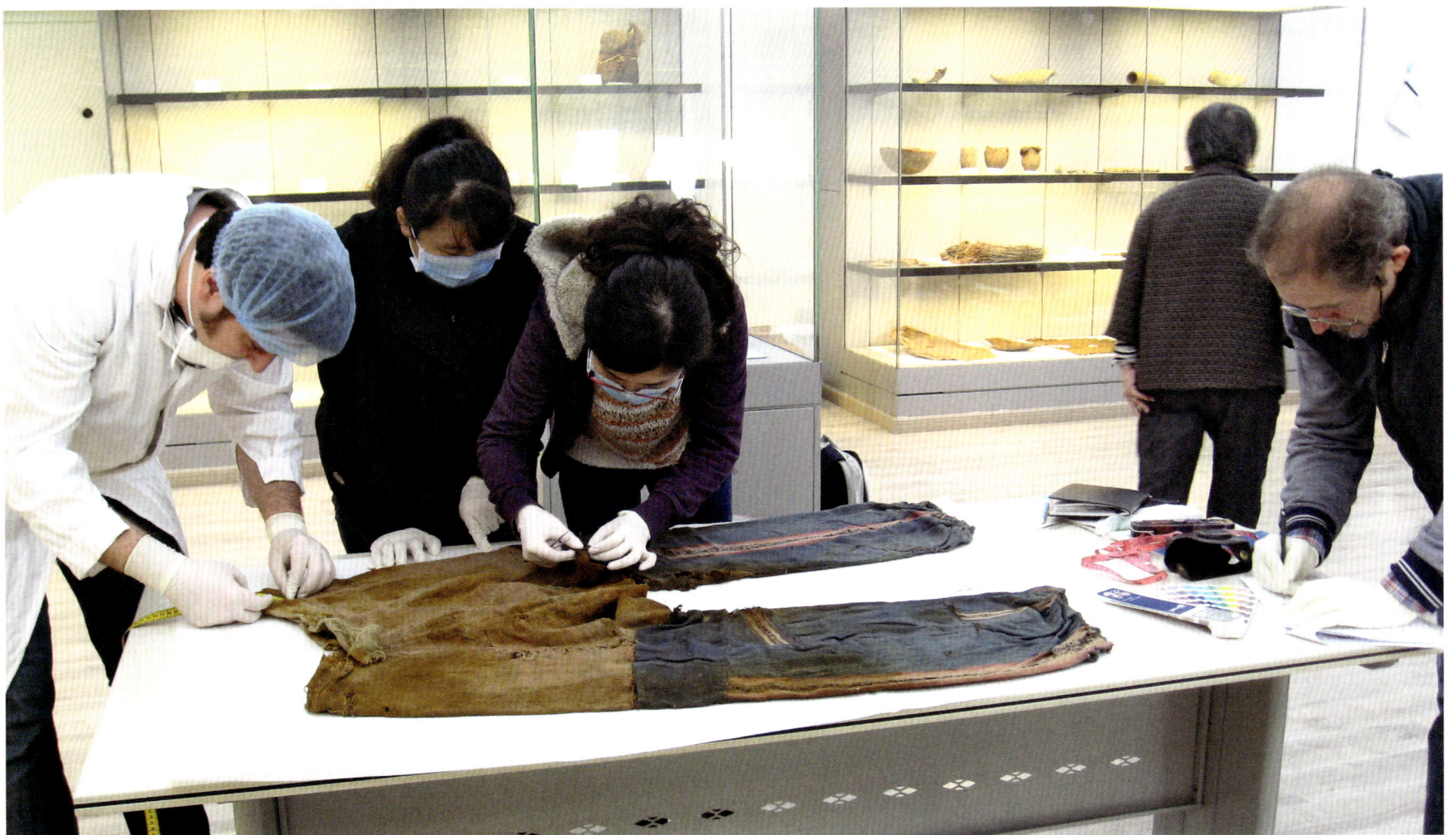
中德技术人员对中国服饰文物进行取样

第二节　海上丝绸之路国际交流与合作

海上丝绸之路是古代人们主要借助季风与洋流等自然条件，利用传统航海技术开展东西方交流的海路网络，东到东亚，南到东南亚、南亚，经过西亚、非洲，最终与地中海相连接。东西方不同文明板块之间由此进行经济、文化、科技等方面交流，进而形成了延续两千年之久的海洋文化活动系统。

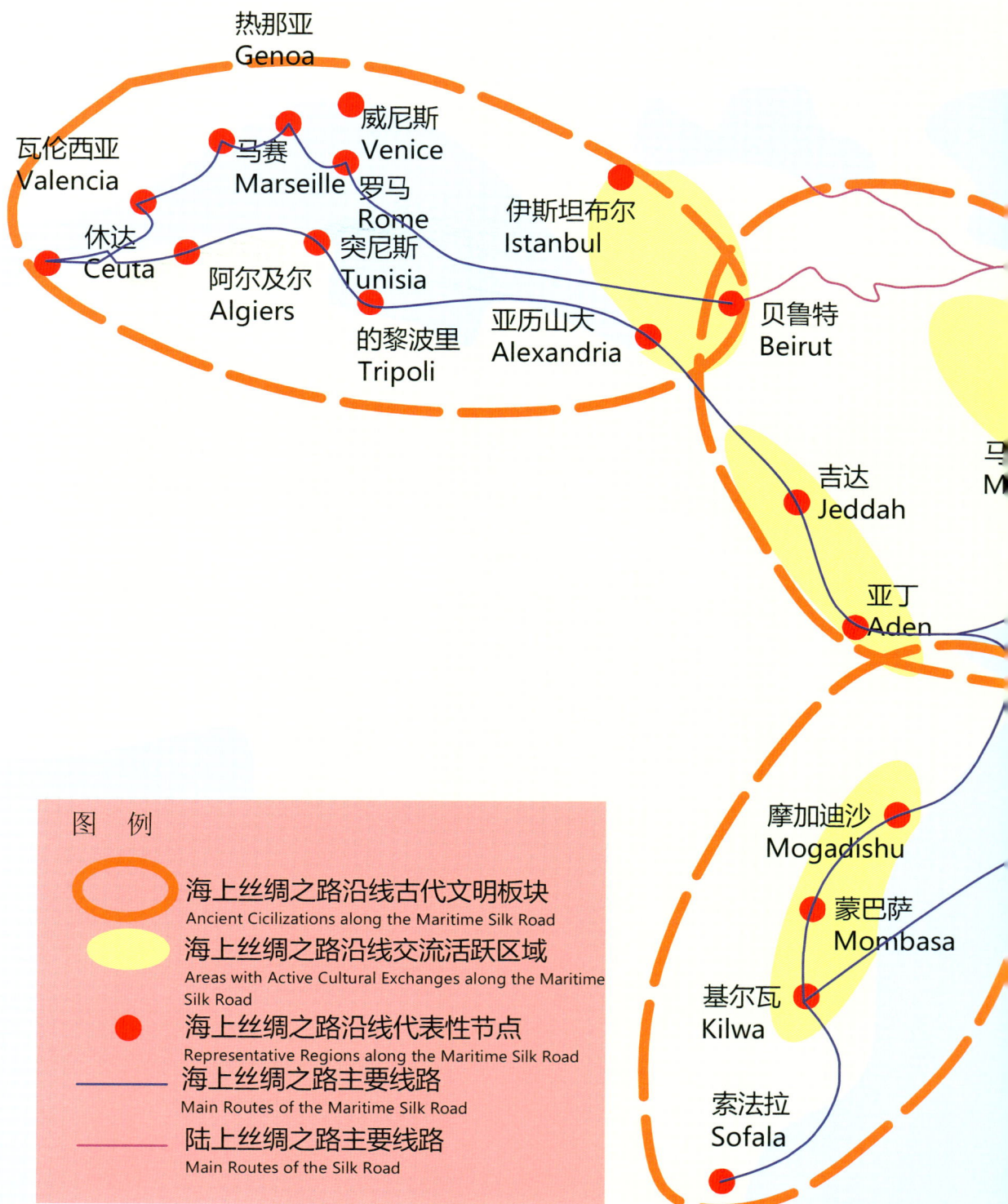

热那亚
Genoa

威尼斯
Venice

瓦伦西亚
Valencia

马赛
Marseille

罗马
Rome

伊斯坦布尔
Istanbul

休达
Ceuta

突尼斯
Tunisia

阿尔及尔
Algiers

的黎波里
Tripoli

亚历山大
Alexandria

贝鲁特
Beirut

吉达
Jeddah

亚丁
Aden

摩加迪沙
Mogadishu

蒙巴萨
Mombasa

基尔瓦
Kilwa

索法拉
Sofala

图　例

海上丝绸之路沿线古代文明板块
Ancient Cicilizations along the Maritime Silk Road

海上丝绸之路沿线交流活跃区域
Areas with Active Cultural Exchanges along the Maritime Silk Road

海上丝绸之路沿线代表性节点
Representative Regions along the Maritime Silk Road

海上丝绸之路主要线路
Main Routes of the Maritime Silk Road

陆上丝绸之路主要线路
Main Routes of the Silk Road

中国"南澳一号"沉船瓷器堆积

兹Hormuz

卡拉奇
Karachi

布罗奇
Bharuch

吉大港
Chattogram

海防
HaiPhong

蓬莱
Penglai

釜山
Fushan

扬州 Yangzhou

南京 Nanjing

福州 Fuzhou

泉州 Quanzhou

广州 Guangzhou

卡里库特
Calicut

坦贾武尔
Thanjavur

加勒
Galle

勃固
Bago

曼谷
Bangkok

会安
HoiAn

民都洛
Mindoro

班达亚齐
BandaAceh

斯里巴加湾
BandarSeriBegawan

马六甲
Malacca

巨港
Palembang

望加锡
Makassar

海上丝绸之路体系示意图

一、海上丝绸之路申遗

10 年来，中国秉持"一带一路"倡议提出的"文明交流互鉴"理念，积极倡导、参与海上丝绸之路遗产保护研究国际交流，推动海上丝绸之路世界遗产申报工作。2015 年 3 月，中国国家文物局在南京召开海上丝绸之路保护和申遗工作会议；2016 年编制了"海上丝绸之路·中国史迹"申报世界遗产文本。

2017 年，海上丝绸之路保护和联合申报世界文化遗产城市联盟成立，共同开展海上丝绸之路中国史迹文化遗产的保护管理与申遗相关工作，初步遴选了海上丝绸之路史迹清单，厘清了遗产类型和空间分布，并简要阐明相关史迹的突出普遍价值。

2021 年 7 月，在第 44 届世界遗产大会召开之际，由中国国家文物局主办，海上丝绸之路保护和联合申报世界文化遗产城市联盟、中国文化遗产研究院联合承办，中国古迹遗址保护协会协办的"海上丝绸之路遗产的保护与研究"主题边场会议举行，来自联合国教科文组织世界遗产中心、国际古迹遗址理事会，以及中国、英国、澳大利亚、韩国、日本、印度尼西亚、印度等国专家就海上丝绸之路保护与研究进行了研讨对话。

2022 年 11 月 16 ~ 17 日，"海上丝绸之路"国际文化论坛在中国澳门举行，论坛

中国广州南越国御苑曲流石渠遗址

以"海上丝绸之路文化遗产保护与可持续发展"为主题，聚焦海上丝绸之路遗产的保护科学与技术、当代价值与意义、公众参与和社区发展、可持续利用及交流合作等议题，对海上丝绸之路遗产的保护管理工作、学术研究前沿及未来发展方向等进行探讨交流。论坛发布了《关于海上丝绸之路保护与申报世界文化遗产的澳门倡议》，呼吁以申报世界遗产为契机，推进面向全球海洋遗产的富有持续活力的学术研究和保护实践，为全人类文明交流互鉴共同谱写新的华章。

中国宁波上林湖沿岸越窑青瓷堆积

世界遗产"泉州：宋元中国的世界海洋贸易中心"遗产点：中国泉州洛阳桥

二、"泉州：宋元中国的世界海洋商贸中心"
　　申遗成功

　　开展海上丝绸之路遗产保护研究国际合作的同时，海上丝绸之路重要节点城市泉州依托其独特的价值，以"泉州：宋元中国的世界海洋商贸中心"之名于2021年7月在第44届世界遗产大会上列入《世界遗产名录》。

　　泉州在10～14世纪逐渐崛起并繁荣发展，成为东亚和东南亚贸易网络的海上枢纽。宋元时期，泉州商贸体系以江海交汇处的城市为依托，通过东南部的海洋与世界相连，而西北部山区为其生产提供了条件，水、陆两路运输网络植根大陆，面向世界。该遗产组成要素包括行政建筑及其结构、宗教建筑和雕像、文化遗址和古迹、陶瓷和铁器生产场所，以及由桥梁、码头和灯塔所构成的交通网络，综合反映了宋元时期泉州独特的海洋地域、社会文化和贸易结构状况。

世界遗产"泉州：宋元中国的世界海洋贸易中心"遗产点：中国泉州开元寺双塔

印尼陶瓷艺术博物馆井里汶沉船瓷器

三、陶瓷遗产合作研究

马来西亚马六甲州博物馆藏中国陶瓷

印度尼西亚海洋文化遗产博物馆藏黑石号沉船瓷器

中国陶瓷历史悠久，种类繁多，制作精美，深受世界人民喜爱。宋元时期，瓷器渐渐成为中国主要出口货物。陶瓷文化的传播，成为海上丝绸之路重要内容之一。

为深化水下考古与海上丝绸之路研究，结合沉船出水海洋贸易陶瓷科研课题，中国国家文物局考古研究中心积极开展"一带一路"共建国家出土出水海洋贸易陶瓷研究，先后赴土耳其、马来西亚、新加坡、印度尼西亚等地进行调查，对古代海上丝绸之路和中国陶瓷器的海外市场及其阶段性变化有了新的认识。同时，围绕沉船与出水陶瓷器，参加联合国教科文组织、新加坡中国文化中心、亚洲文明博物馆等机构举办的国际学术研讨会。

浙江大学艺术与考古学院与韩国全罗南道文化遗产院合作开展"10～13世纪中韩陶瓷文化技术交流的考古学研究"，与韩国民族文化遗产研究院等合作进行"中国浙江相关地区所藏韩国文化遗产（高丽青瓷）调查与考古研究"项目，取得系列学术成果。

马来西亚马六甲州博物馆藏中国陶瓷

第二编

考古探索

考古资料证明，至迟 4000 年前，欧亚大陆和非洲之间的族群迁徙和经济文化交流已相当频繁。2013 年以来，各国考古学者围绕"丝绸之路溯源与发展"这一主题，进行了多项考古发掘工作，开展了各种形式的合作研究，研究对象涵盖旧石器时代至近代各个时期的农牧经济、聚落形态、建筑形制、丧葬习俗、海陆交通等方面。众多新发现与新成果，唤醒了人们对丝绸之路沿线文明的鲜活记忆，将埋藏于地下的古老遗迹谱写成动人旋律，为世人演奏出一曲文明交流互鉴历史的伟大乐章。

十年来，中国考古工作者积极走出去，与丝路沿线各国同行一道探索古代人类文明，足迹遍布乌兹别克斯坦、塔吉克斯坦、吉尔吉斯斯坦、哈萨克斯坦、蒙古国、印度、斯里兰卡、孟加拉国、巴基斯坦、尼泊尔、沙特阿拉伯、伊朗、以色列、阿联酋、老挝、越南等国，取得了一系列的重要成果，以壮观的遗址遗迹和精美的实物证据，实证了古代文明频繁的交往。

一、中国与蒙古国联合考古

2005 年起，中国多家考古专业机构与蒙古国科研单位合作，对蒙古国境内古代游牧民族文化遗存、草原丝绸之路、燕然山铭摩崖及匈奴、回鹘、契丹、蒙元等时期城址和聚落遗址开展系列调查、发掘及研究工作，取得了丰硕成果。

后杭爱省胡拉哈山谷 M8 出土金饰

（一）蒙古国境内古代游牧民族文化遗存考古调查与发掘

2005 年起，中国内蒙古自治区文物考古研究所与蒙古国游牧文化研究国际学院、蒙古国国家博物馆等单位合作实施了"蒙古国境内古代游牧民族文化遗存考古调查与发掘研究"项目，针对蒙古国境内古代游牧民族文化遗存开展了一系列的调查、发掘及研究工作。2018 年开始，中方合作单位变更为内蒙古博物院，项目持续推进，取得了系列成果。

2013 ~ 2017 年，联合考古队在蒙古国中北部地区的塔米尔河、鄂尔浑河、土拉河流域等地开展系统调查，发现了多处匈奴城址和聚落，出土一批重要遗物，深化了对匈奴聚落、建筑与宗教文化的认识。

2013 年 7 ~ 8 月，联合考古队对蒙古国苏赫巴托省德力格尔汗山周边地区进行了专项调查，发现了新石器时代、青铜时代、匈奴、突厥、契丹和蒙元时期的文化遗存多处，对德力格尔汗山地区各时期考古学遗存的分布状况、文化特征及属性有了较深的认识。

2014 年 6 ~ 7 月，联合考古队对布尔干省达欣其楞苏木詹和硕遗址 I、II 号遗迹进行考古发掘。发掘面积共计 1170 平方米，发现半地穴式房址 2 座、灰坑 1 座、不同时期墓葬 6 座，出土陶器、铜器、铁器、骨器、漆木器、丝织品等文物，遗存种类齐全、时代跨度较大，为研究本地区的历史脉络与文化谱系提供了宝贵材料。

甘木塔拉城址中城中心土台遗址

和日门塔拉城址 IA-M2 出土铜镜

2014 ~ 2015 年，联合考古队在和日门塔拉遗址和詹和硕遗址发掘期间，在发掘区周边进行了小规模调查，发现了布尔干土丘、肖布特海日罕山匈奴墓地和查干诺尔匈奴墓地，充实了匈奴墓葬研究材料。

2014 ~ 2019 年，联合考古队对和日门塔拉遗址进行了全面测绘与勘探，并对西城和中城进行了首次科学发掘。和日门塔拉遗址位于后杭爱省和日门塔拉草原，由东西相连的三座城址组成，俗称"三连城"。通过发掘工作，了解了和日门塔拉遗址的形制、布局与功能，是匈奴聚落研究的重要突破。2016 年，该项目被蒙古国教育文化体育部评为"蒙古国五大考古发现"。

2015 年 6 ~ 8 月，联合考古队对位于布尔干省布雷杭盖苏木境内的宝拉格遗址进行了发掘，发掘面积 1023 平方米，发掘确认了祭祀台基、砖窑、葬马坑各 1 座，为进一步研究古匈奴人的宗教习俗和建筑工艺技术提供了新的资料和线索。

2018 ~ 2019 年，联合考古队对蒙古国境内鄂尔浑、图拉、克鲁伦、翁金等河流域的匈奴、回鹘、契丹、蒙元等时期城址和聚落遗址以及清代"万里茶道"线路进行考古调查，对古代城址遗存的分布、数量、布局、建筑风格及文化内涵，乃至草原丝绸之路城市文明和社会形态等方面都有了新的认识，同时对蒙古国境内相关遗产点的分布与特征有了深入的了解，为今后"万里茶道"联合申遗提供了大量实物资料。

（二）草原丝绸之路考古学遗存研究

2018 ~ 2019 年，中国内蒙古自治区文物考古研究所、内蒙古师范大学与蒙古国科学院考古研究所、科学院历史研究所联合开展了"草原丝绸之路考古学遗存研究"项目，对蒙古国巴彦洪戈尔省境内查干图鲁特河流域进行区域系统调查，共发现旧石器时代至清代的祭祀遗址、墓葬、岩画等各类遗迹 1400 多处，并先后对调查发现的赫列克苏尔石板墓、匈奴石圈墓、突厥石板墓、斯日格祭祀遗址等进行了考古清理。

通过项目实施，基本掌握了查干图鲁特河流域古代文化遗存的分布状况、保存现状与面貌特征，初步构建了该区域各考古学文化的时空框架，充实了草原丝绸之路的考古学文化谱系。

赫列克苏尔圆形石围

高勒毛都 2 号地 M189 墓出土鎏金银龙

高勒毛都 2 墓地发掘现场

（三）后杭爱省高勒毛都 2 号墓地联合考古研究

　　高勒毛都 2 号墓地位于蒙古国中部后杭爱省温都尔乌兰苏木境内。2017 ~ 2019 年，中国河南省文物考古研究院、洛阳市文物考古研究院与蒙古国乌兰巴托大学考古学系联合，对高勒毛都 2 号墓地进行了考古调查和发掘工作。

　　发掘工作弄清了墓葬顶部的积石分布，并首次发现了填土中的鱼骨状木头层、木头上的火烧痕迹、棺内的铺垫物等。出土随葬品有生活用品、车马器和兵器三类，包括铜镀、兽面辅首铜器、铜质带流器、鎏金银龙、银环、玉带钩、皮制马具、毛发织物等，其中出土的一对鎏金银龙呈现出比较明显的中国中原风格特点，为公元前 2 ~ 前 1 世纪亚欧草原游牧文明与东亚农耕文明的交流研究提供了重要的实物资料。

高勒毛都 2 号墓发掘现场

（四）蒙古国青铜时期至早期铁器时期游牧文化研究

　　2017 年 5 月，中国国家博物馆与蒙古国国家博物馆联合赴中央省车勒县及阿勒坦布拉格县等地青铜时代至早期铁器时代遗址进行考察。2018 年 4 月，中国国家博物馆与蒙古国国家博物馆签署"蒙古国青铜时期至早期铁器时期游牧文化研究项目"合作协议。

　　石特尔墓地位于蒙古国中央省车勒县东北约 20 千米处，是一处较大的匈奴平民墓地。该墓地分为东、西两区，总面积约 13.5 万平方米，墓葬 418 座，是了解匈奴文化面貌以及汉朝与匈奴之间交流的重要物证。2018 年 6 月，联合考古队对石特尔匈奴墓地开展了前期考古调查、航拍、测绘等工作，6 ~ 8 月正式进行考古发掘，总计发掘墓葬 5 座，出土了大量陶器、铁器、铜器、骨器等遗物，器类包括生活用器和兵器等，其中有来自中国中原地区的遗物。

　　石特尔墓地属于典型的匈奴文化遗迹，有着与匈奴主流文化不同的葬俗，同时出土有大量来自中国中原地区的物品，揭示了匈奴文化的多元性及汉匈文化交流的普遍性，为匈奴民族构成和汉匈文化交流研究提供了新材料。

石特尔一号墓出土陶罐

石特尔二号墓出土包金铁带扣及骨筷

石特尔三号墓石封堆

（五）艾尔根敖包墓地考古发掘

2018 年，经蒙古国教育、科学、文化与体育部批准，由中国人民大学"'一带一路'视野下的漠北草原考古"项目资助，中国人民大学历史学院、中国人民大学北方民族考古研究所与蒙古国国家博物馆签署了艾尔根敖包墓地开展考古发掘研究工作的协议。

艾尔根敖包墓地位于蒙古国鄂尔浑省吉尔嘎朗图苏木东南小霍谢特山梁东南侧，墓地墓葬形制、出土随葬品带有明显的鲜卑文化因素。2018 ～ 2019 年，中蒙联合开展两期考古发掘和田野调查工作，共发现墓葬 91 座，发掘墓葬 8 座，出土文物 70 多件，以铁器、铜器、陶器和珠饰为主。该墓地的圆形石封堆和竖穴土坑墓，其形制和丧葬习俗还表现出较多匈奴文化因素。碳十四测年结果显示这批墓葬年代为公元前 50 年至公元 150 年。

艾尔根敖包墓地的发掘，对研究蒙古高原古代民族的迁徙和文化交融具有重要意义。

艾尔根敖包墓地第 45 号墓墓室

艾尔根敖包墓地第 45 号墓室清理工作现场

艾尔根敖包墓地出土的陶壶、蛇形铜带钩和鎏金铜铺首

（六）蒙古国巴彦洪戈尔省图音河流域考古调查与发掘

图音河河谷地带是中国北方长城地带与蒙古高原腹地之间文化交流的重要通道，也是欧亚草原考古中最具开拓价值的区域之一。

2016 年，中国吉林大学考古学院、吉林大学边疆考古研究中心与蒙古国立大学人文学院人类学与考古学系签订了联合考古协议，约定双方共同对图音河流域的石板墓群开展考古调查与发掘。

2017 年 6 月，联合考古队对图音河中上游地区的数处石板墓群开展了初步调查工作，发现了塔黑拉嘎石板墓群。

2018 年 7 ~ 8 月，联合考古队先后对图音河中游的朝伦昂古奇特、塔黑拉嘎和阿日温楚克三个地点的石板墓群进行了调查、测绘，并发掘了其中 12 座墓葬，出土了铁带扣、铁剪、铜镜、金箔坠饰、骨镞、玛瑙珠、砺石、陶器等随葬品。

2019 年 7 ~ 8 月，联合考古队重点发掘了位于巴彦洪戈尔省额勒济特苏木的索尧胡林一号、二号匈奴墓地，出土随葬品有铜镜、铁包金腰带具、木包金嵌绿松石的腰带具、木盘、漆器、铁器和骨制弓弭、带柄铁罐、骨筷子、刻纹骨片等。联合考古队调查了索尧胡林山上及附近地区的岩画，共发现岩画 280 幅，大部分属于青铜时代，少数的可能晚到匈奴时期。同时，考古队还对图音河中下游沿岸开展了考古调查，共记录各时代的石构遗迹近 600 处。

图音河流域的考古调查与发掘，发现了石器时代、青铜时代、匈奴时期、突厥时期、回鹘时期、清代等数百处遗存，对蒙古国境内古代遗迹遗址的分布、年代与面貌等有了一系列新认识，填补了蒙古国考古的一系列空白，也为中蒙古代文化交流和草原丝绸之路研究提供了重要资料。

朝伦昂古奇特石板墓发掘现场

（七）燕然山铭摩崖及相关历史遗址调查

20 世纪 90 年代，蒙古国中戈壁省德勒格尔杭爱山崖壁上发现汉字碑刻。2017、2019 年，中国内蒙古大学与蒙古国成吉思汗大学两次联合开展了对摩崖及周边区域相关历史遗迹的田野调查，确认了德勒格尔摩崖石刻为中国汉朝班固所作《封燕然山铭》。同时拓制了高质量拓片，对山体进行了雷达扫描，并对摩崖所在燕然山做了空中拍摄和准确的地理定位，在摩崖下部还发现了"汉山"题刻。

燕然山铭摩崖位于草原丝绸之路的重要节点上，它的发现确认了燕然山的位置，具有重要历史价值。

摩崖石刻雷达扫描图

利用传统传拓技术现场摹拓

燕然山铭摩崖拓片

二、中国与肯尼亚联合考古

2010 年起，中国国家博物馆、北京大学考古文博学院、河南省文物考古研究院与肯尼亚国家博物馆等联合开展拉穆群岛、巴林戈等地区考古调查与发掘工作，取得系列成果。

（一）拉穆群岛地区考古

肯尼亚是古代海上丝绸之路沿线的中非贸易重要区域之一，马林迪、蒙巴萨即明代航海文献中记载的"麻林地"和"慢八撒"。后者是肯尼亚天然良港，在东非海岸古今贸易中具有举足轻重的作用。

2005 年，中国国家文物局与肯尼亚文化遗产部签署合作考古协议。2010 年，中肯正式签署项目实施合同。

2010 ~ 2014 年，中国国家博物馆和肯尼亚国家博物馆围绕拉穆群岛及周边海域先后联合进行了水下考古勘测、调查与发掘工作。物探扫测面积超过 200 万平方米，调查面积 20 余万平方米，发掘面积 450 余平方米，采集或出水了大量陶瓷器、沉船构件、金属器物、木石用具及硫化汞、水银、朱砂等，并且在马林迪海域的奥美尼角新发现了沉船遗迹。

中肯合作水下考古的开展，为海上丝绸之路以及环印度洋的航海和海上贸易史研究提供了珍贵的资料。肯尼亚共和国总统乌胡鲁·肯雅塔 2014 年 1 月 3 日赴蒙巴萨耶稣堡实验室视察了马林迪奥美尼沉船出水文物，并给予了高度评价；肯尼亚文化体育艺术部部长哈桑·阿雷罗博士多次亲临遗址现场视察。

中肯考古队员在马林迪奥美尼亚沉船遗址发掘现场

中肯考古队员在拉穆群岛海域调查

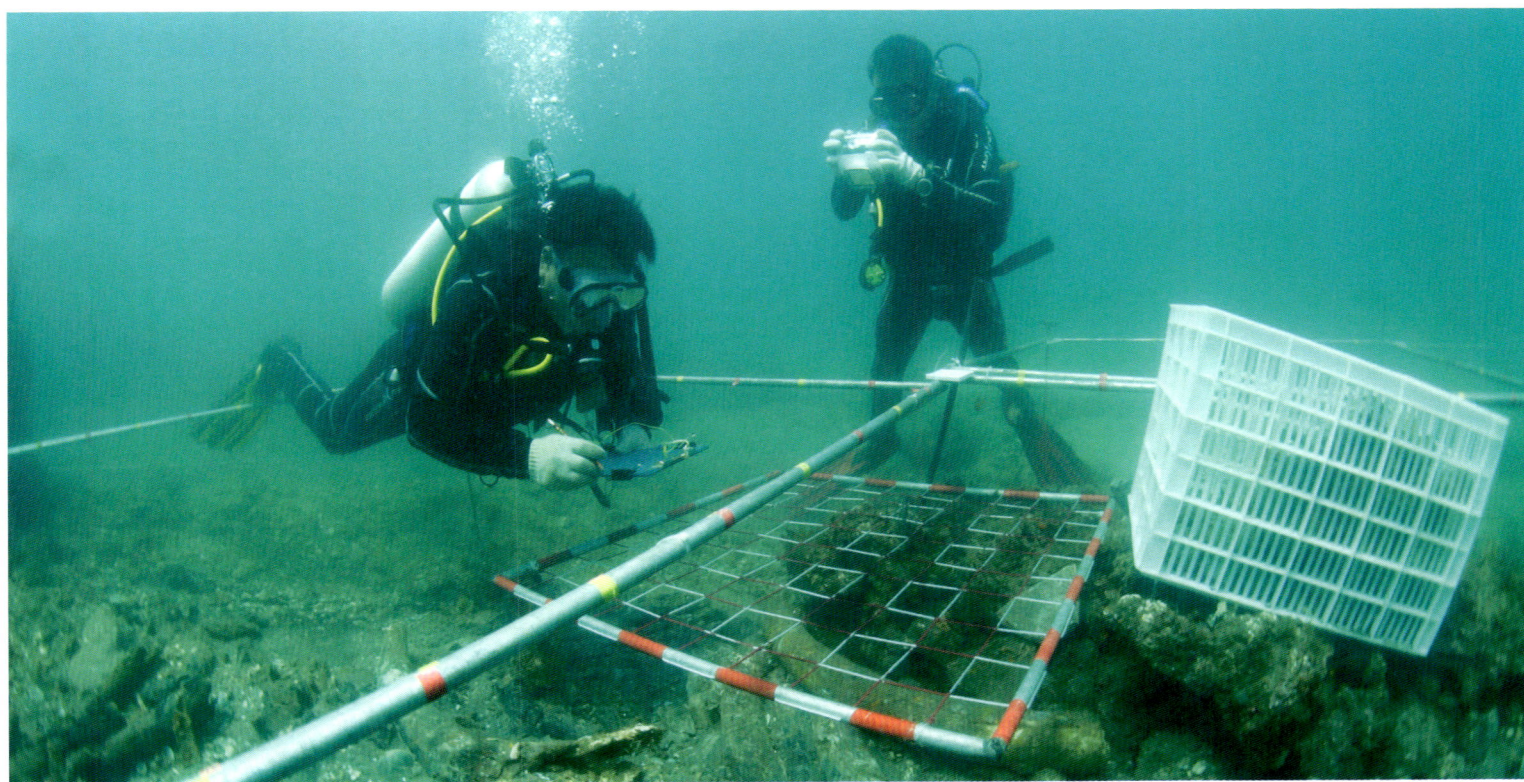

中肯考古队员在马林迪奥美尼亚沉船遗址发掘

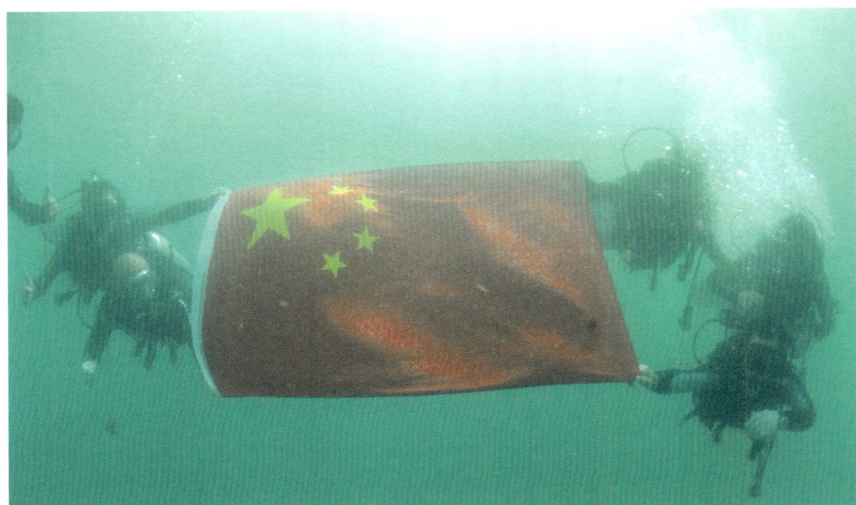

中肯考古队员在水下考古现场

拉穆群岛谢拉遗址水下遗物

博高利亚湖遗址细石器

博高利亚湖遗址石制品

（二）巴林戈地区旧石器考古调查发掘

2014 年，中国河南省文物局与肯尼亚国家博物馆签订合作框架协议，共同开展巴林戈地区旧石器时代遗存的考古调查与发掘工作。2017 年起，由河南省文物局组织实施中肯旧石器联合考古项目。

2017、2018 年，中国河南省文物考古研究院、山东大学、洛阳市文物考古研究院与肯尼亚国家博物馆联合发掘吉门基石遗址。遗址位于肯尼亚裂谷省巴林戈郡可瑞玛镇，发掘面积 114 平方米，发现石制品和动物化石 3000 余件，时代包括旧石器时代早期、中期和晚期。

2019、2023 年，河南省文物考古研究院、洛阳市文物考古研究院与肯尼亚国家博物馆联合发掘了吉门基石遗址东南约 13 千米处的博高利亚湖遗址第 1、第 2 和第 3 地点。遗址位于巴林戈郡马里加特镇，发掘面积 140 平方米，发现石核、石片、石叶、刮削器、尖状器、砍砸器、手斧、手镐等石制品以及动物化石共计 5000 余件。遗存以旧石器时代中期为主，其中第 2 地点确认为一处小型石器制作场。

2017 ～ 2019、2023 年，联合考古队在巴林戈湖、博高利亚湖周边调查发现旧石器地点 45 处。其中，位于纳库鲁郡的玛卡里亚地点，是中国考古学者在非洲发现的第一处旧石器时代遗存。吉门基石遗址发现的细石器对研究旧石器时代晚期细石器文化的起源、传播具有重要意义。博高利亚湖遗址发现的勒瓦喽哇技术制作的石制品对探讨其起源及与早期现代人的关系提供了重要材料。考古工作初步证明，东非大裂谷巴林戈地区分布有非常丰富的旧石器时代文化遗存，对探索现代人起源这一国际学术前沿课题的研究具有十分重要的意义。

中肯考古队在博高利亚湖遗址发掘现场

明铁佩遗址航拍图

明铁佩遗址发掘现场

三、中国与乌兹别克斯坦联合考古

2011 ～ 2019 年，中国社会科学院考古研究所、西北大学考古文博学院分别与乌兹别克斯坦科学院考古研究所、泰尔梅兹大学、泰尔梅兹考古博物馆一起，先后对明铁佩古城遗址、西天山西端区域古代游牧文化遗存、泰尔梅兹地区古代佛教遗存等进行考古发掘。

（一）明铁佩古城遗址考古发掘

明铁佩古城遗址位于乌兹别克斯坦安集延州马哈马特境内，是费尔干纳盆地内一处重要的古代城址，先前学者多认为其即中国古代文献记载的大宛国都贰师城。

2011 年 12 月，中国社会科学院考古研究所与乌兹别克斯坦科学院考古研究所合作，启动了"中亚东北部地区古代及中世纪早期东西方文化交流考古研究"项目，重点对明铁佩遗址进行系统发掘。

2012 年起，中乌两国学者先后联合对明铁佩遗址进行了 8 次大规模的考古发掘工作，共完成测绘面积 4 平方千米、勘探面积 8 万平方米、发掘面积近 3000 平方米，考古发现了明铁佩古城外城，并明确其时代。作为公元前后费尔干纳盆地内面积最大的古城，明铁佩古城不仅有功能完善的城墙、城门、马面等城防设施，还有规模宏大、格局清晰的大型建筑和道路系统，以及功能完备的手工业作坊，表明其为这一时期盆地内都邑性质的中心城址。

明铁佩古城考古工作，不仅进一步阐明了城址的布局、结构与时代信息，也使得国际学界重新认识盆地内城市化文明进程及其在古代丝绸之路贸易与交通史上的地位，更为中国与中亚地区的文化交流研究提供了新资料。

明铁佩遗址出土陶器

中乌考古队员在拉巴特墓地发掘现场

拉巴特墓地出土串饰

拉巴特墓地出土斯芬克斯吊坠

撒扎干遗址出土陶器

拉巴特墓地出土带扣及牌饰

（二）西天山西端区域古代游牧文化遗存考古调查、发掘与研究

2013 年 12 月，中国西北大学与乌兹别克斯坦科学院考古研究所签订了《关于"西天山西端区域古代游牧文化考古调查、发掘与研究"项目的合作协议》，启动了西天山西端区域古代遗存联合考古调查、发掘与研究项目。

2014 ～ 2019 年，中乌联合考古队在包括乌兹别克斯坦撒马尔罕州、卡什卡达利亚州和苏尔汉河州在内的西天山地区连续多次进行系统考古调查，发掘了一系列重要遗址，取得了阶段性成果。其中，在苏尔汉河州拜松市拉巴特古代墓地，考察认为其与新疆东天山地区公元前 5 ～前 2 世纪的游牧文化遗存面貌相似，应是西迁中亚后的古代月氏留下的文化遗存。在撒扎干遗址发掘了一座大型墓葬。从年代、分布地域和文化特征看，该墓葬应属公元前后古国康居的居民。在乌尊市谢尔哈拉卡特村发掘了大型墓地，清理了早期贵霜和贵霜帝国时期的墓葬 25 座，这批墓葬真实反映了早期贵霜至贵霜帝国时期河谷平原区域多个族群、多元文化的历史。

西天山西端区域古代游牧文化考古项目，为进一步研究古代丝绸之路经济、文化交流，以及在全球视野下深入研究中国与中亚地区的文化交往史提供了更加丰富的实物佐证。

（三）泰尔梅兹地区佛教遗存联合调查

泰尔梅兹地区位于乌兹别克斯坦苏尔汉河州阿姆河口北岸，是古代佛教从印度向中亚传播的一个重要节点。至迟到贵霜帝国时期（1 ～ 3 世纪），当地的佛教已发展兴盛，形成了以卡拉特佩和法雅兹拜帖为中心的大型佛教寺院聚落。中国唐代高僧玄奘曾游历此地，走访了 10 座佛教寺院或遗迹。目前，泰尔梅兹地区的苏尔汉河河谷地带已发现近 20 处佛教遗址。

2019 年，中国西北大学与乌兹别克斯坦科学院、泰尔梅兹大学、泰尔梅兹考古博物馆等机构，联合对泰尔梅兹地区的 12 处古代佛教遗迹和城址进行了初步踏查。据调查所见，佛教遗迹可分为大、中、小三型，年代大致可以分为早、晚两个时期：早期为贵霜时代遗迹，大约为 1 ～ 3 世纪，相当于中国东汉至西晋时期；晚期为粟特时期遗迹，大约为 6 ～ 7 世纪，相当于玄奘生活的初唐时期。

泰尔梅兹地区遗址见证了佛教在中亚的兴衰，是研究佛教沿丝绸之路传播的重要实物证据。

泰尔梅兹地区佛教遗迹

四、中国与孟加拉国纳提什瓦遗址联合考古

毗诃罗普尔古城位于孟加拉国首都达卡市东南的蒙希甘杰县境内，是佛教大师阿底峡尊者的出生地，也是孟加拉国旃陀罗王朝（900～1050 年）、跋摩王朝（1080～1150 年）和犀那王朝（1100～1230 年）的都城所在。纳提什瓦遗址是古城内的一处大型建筑群遗址，面积近 3 万平方米，其发掘研究工作对于完善孟加拉国历史编年具有重要意义。

2014 年 12 月至 2019 年 1 月，中国湖南省文物考古研究所和孟加拉国阿格拉索·毗诃罗普基金会下属的欧提亚·欧耐斯恩考古研究中心组成联合考古队，对毗诃罗普尔古城纳提什瓦遗址先后进行了 4 次大规模考古发掘，发掘面积 6000 余平方米，确认了纳提什瓦遗址为一处佛教寺院。其年代可分为两个不同时期：第一期遗址年代约在 8 世纪末至 10 世纪中叶，是一组塔院和僧院的综合体；第二期遗址年代约在 10 世纪中叶至 13 世纪初，主体由一座八边形的中心佛塔和周围呈"十"字形分布的四座"佛殿"组成。遗址出土有金质佛像、石雕和陶塑造像、铁器、玻璃器、陶瓷器等，其中有中国宋至清各代瓷器。

两期建筑遗迹和出土文物时代特征鲜明，反映了 8～13 世纪南亚佛教建筑的重要变迁，为南亚次大陆佛教建筑考古提供了年代标尺，也为古代南亚与中国海上贸易研究提供了重要线索。考古相关成果已被吸收进新版《孟加拉国史》第 1 卷内。

纳提什瓦遗址出土佛造像

纳提什瓦遗址发掘现场

Thengkham East 遗址出土铜锭

五、中国与老挝联合考古

2014 年起，中、老两国多所高校、研究机构先后联合对老挝沙湾拿吉省、川圹省、琅勃拉邦省、琅南塔省、占巴塞省、沙拉湾省和色贡省多个考古遗址共同开展了调查与发掘工作。

2014 年，中国云南省文物考古研究所与老挝国家社会科学院历史研究所联合，实地调查了色帮矿区。色帮矿区位于老挝南部沙湾拿吉省维拉泊里市，是东南亚规模最大、开采时间最长的矿业遗址，早在公元前 5 世纪后期至公元 3 世纪前期就已经开采。

2015 ~ 2018 年，中国云南省文物考古研究所、四川大学历史文化学院与老挝国家社会科学院历史研究所先后联合对老挝沙湾拿吉省、占巴塞省、沙拉湾省、色贡省和琅南塔省进行了野外考古调查，对老挝古代遗址分布情况和历史发展脉络有了框架性的认识。

2018 年 1 月至 2019 年，中国云南省文物考古研究所、四川大学联合老挝国家遗产局先后对色帮矿区内的 Thengkham East 遗址进行了两期考古发掘工作，清理了先期调查勘探时发现的古代矿井和文化堆积，搞清了矿井形制，发现有灰坑、墓葬等遗迹，出土了许多坩埚残片以及铜质、石质矿冶工具与炼渣、生活陶器等遗物。

同时，考古队对 Thengkham East 遗址所在的维拉泊里县 120 余平方千米的范围进行了系统考古调查，发现遗址 35 处，采集铜器、石器、坩埚、炼渣、陶瓷器等遗物 600 余件，基本弄清了当地矿冶遗址分布情况。

中老联合考古项目基本弄清了老挝境内矿冶遗址的时代、特征与分布情况，为研究"南方丝绸之路"的形成和发展提供了重要资料。

Thengkham East 遗址出土铜斧

中方考古队员在遗址现场绘图

考古队员做考察记录

印度奎隆港口全貌

奎隆港遗址出土中国龙泉窑青瓷残片

奎隆港遗址出土唐开元通宝铜钱

六、中国与印度奎隆港口遗址联合考古

奎隆港遗址位于印度西南沿海喀拉拉邦南部，自古以来就是环西印度贸易圈的主要港口之一，中国两宋以来的文献均有记载。根据印度历史学家考证，奎隆港口始建于9世纪中叶，沿用至今。

2013年始，中国故宫博物院与印度喀拉拉邦历史研究委员会在历史、考古和文化遗产保护等方面开展合作，并列入《中华人民共和国与印度政府2014～2015年度文化合作项目》。2014年2月，双方签署《中国北京故宫博物院与印度喀拉拉邦历史研究委员会合作谅解备忘录》。

2014～2015年，中国故宫博物院与印度喀拉拉邦历史研究委员会、喀拉拉邦大学三方组成联合考古队，两次对奎隆港区西岸的圣托马斯堡旧址、北岸的乔纳普兰清真寺及周边城镇遗址进行了区域考古调查，理清了奎隆地区古代港口、城市的总体布局与发展历史脉络，初步探明了16世纪以前的旧奎隆港口遗址的构成及其发展沿革。

联合考古队还调查采集并整理了大量陶瓷器、玻璃器、古钱币及金属工具等遗物。其中陶瓷器以印度本地生产的砂胎红陶为主，还有大量中国宋元明时期的外销瓷器，以及一些产自西亚的孔雀蓝釉陶器；古钱币包括有中国唐至元代铜钱和当地的朱罗王朝钱币等。考古成果表明，这一时期中印两国与西亚之间海上贸易的持续繁荣，为中西海路交流史研究提供了重要资料。

中国考古队员在现场整理遗址出土瓷片

科潘遗址建筑居址航拍图

七、中国与洪都拉斯科潘遗址联合考古

科潘遗址位于洪都拉斯科潘省科潘墟镇东北约 1 千米，是玛雅文明城邦科潘的都城所在。

2014 年 7 月，在洪都拉斯总统见证下，中国社会科学院考古所与洪都拉斯人类学和历史学研究所签订合作协议，并与美国哈佛大学合作开展科潘遗址考古工作。2015 年，考古队对遗址编号为 8N-11 的贵族居址进行发掘。该居址面积约 4000 平方米，等级仅次于王宫，时代为科潘王朝中晚期，大体为第 8 ~ 16 王时期（约公元 500 ~ 800 年）。

发掘工作基本搞清了该建筑的结构、布局、时代与发展脉络，并发现大量可复原陶器的碎片、动物骨骼、黑曜石残片和残石器，以及人面形焚香器盖、玉米神头像、与中国龙首酷似的羽蛇神石雕头像等遗物，为研究科潘遗址历史发展进程和玛雅建筑工艺、宗教文化提供了重要资料。

中洪考古队员在发掘现场

科潘遗址贵族院落北侧建筑的保护和修复

科潘遗址出土玉米神像

科潘建筑居址出土羽蛇神石像

科潘建筑居址出土羽蛇神像

北侧建筑下贵族大墓随葬翡翠卡威尔神像

八、中国与俄罗斯联合考古

2013 年起，中国黑龙江大学、南京大学、四川大学、重庆市文化遗产研究院等与俄罗斯相关专业科研单位合作，共同开展乌斯季·伊万诺夫卡墓地、阿尔泰青铜时代遗址、叶尼塞河中游地区遗址等处的调查、发掘及研究工作，取得系列成果。

遗址出土陶器

（一）阿尔泰青铜时代考古发掘和研究

阿尔泰山脉位于中国、哈萨克斯坦、俄罗斯和蒙古国交界处，是古代草原丝绸之路的重要组成部分，可能是古代家畜和冶金技术传入中国的重要通道。

2014 年，中国南京大学与俄罗斯阿尔泰国立大学签订合作协议，拟共同开展阿尔泰区域的古代矿冶、农业和畜牧业等起源问题的研究。双方联合在阿尔泰地区发掘青铜时代和早期铁器时代的聚落和墓地。

2015 年，考古队在卡勒望湖Ⅰ号遗址进行了发掘。卡勒望湖位于俄罗斯阿尔泰边疆区南部蛇山市以北31千米处的矿区内，金、银、铜等金属和非金属矿资源非常丰富。围绕卡勒望湖，错落分布有15处青铜时代和早期铁器时代的聚落和墓地。卡勒望湖Ⅰ号遗址面积约1万平方米。发掘共发现4座灰坑，出土有少量陶器、石器以及骨角器、铜器、铜矿石、铜粒和炉渣等。陶器主要为缸形器；石器有杵、砧、镞、石核和石片。遗物显示，

卡勒望湖Ⅰ号遗址的居民从事冶金生产和畜牧业，还可能养殖动物，加工骨器和石器。考古队采集了部分兽骨和木炭样品，开展碳十四测年分析，年代范围为公元前2500～前1700年，与周边其他同时代遗址的测年结果相吻合。

2016、2017 和 2019 年，考古队对苏联路–1遗址进行发掘。苏联路–1遗址位于阿尔泰山脉西侧的阿列依河右岸平原上的苏联路村附近，面积约1万平方米，是一处时代较晚的聚落。共发掘300多平方米，首次发现了水井类灰坑与青铜容器碎片，以及罕见的铜镰刀、铜短剑和铜锭。发掘期间，考古队采集了一些木炭、兽骨和铜渣样品，进行了碳十四测年及成分检测分析。

卡勒望湖Ⅰ号遗址和苏联路–1遗址的考古发掘，初步揭示出了青铜时代阿尔泰山脉西侧古代人类的业态，包括畜牧业、冶金业和手工业经济发展状况，同时也为研究额尔齐斯河沿岸的冶金技术、家畜驯养和文化传播提供了重要资料。

苏联路–1遗址出土铜器

克拉斯诺亚尔斯克墓地出土器物

（二）乌斯季·伊万诺夫卡墓地联合发掘

乌斯季·伊万诺夫卡墓地位于俄罗斯阿穆尔州布拉戈维申斯克市的乌斯季·伊万诺夫卡村附近，属于靺鞨文化特洛伊茨基类型。

2016 年，中国黑龙江大学历史文化旅游学院考古学系与俄罗斯阿穆尔州历史文化遗产保护中心对乌斯季·伊万诺夫卡墓地进行联合考古调查与发掘，共发掘墓葬 52 座，出土随葬品包括铁器、铜器和骨器等，以武器和装饰品为主。通过墓葬形制、丧葬习俗和随葬品的特点分析，初步判断该遗址的年代约为 8 世纪，大体相当于中国唐代中晚期。结合中国古代文献，并从该遗址的位置和规模、墓葬的形制和随葬品以及埋葬的习俗来看，初步判断其族属应为黑水靺鞨。

该墓地的发掘为研究靺鞨的发展史和唐代边疆史以及东北亚文化交往等提供了重要实物资料。

乌斯季·伊万诺夫卡墓地第 41 号墓出土尸骸

（三）阿尔泰山脉联合考古

中国南京大学与俄罗斯阿尔泰国立大学考古学、民族学和博物馆学系合作，2017 年和 2019 年举办了两次国际化考古实习，赴阿尔泰共和国切马尔县，配合阿尔泰国立大学的科研项目发掘乔布拉克 –1 墓地。乔布拉克 –1 墓地位于卡通河谷，是一处重要的墓地。迄今为止，俄罗斯考古学家在此墓地已发掘了几十座墓葬，包括早期铁器时代、巴泽雷克、匈奴、突厥时期。

考古队员在现场清理墓葬

（四）克拉斯诺亚尔斯克调查与发掘

2019 年 4 月，中国吉林大学考古学院与俄罗斯西伯利亚联邦大学人文学院签署了合作协议。6 月，双方联合实施了俄罗斯克拉斯诺亚尔斯克调查与发掘项目。其中，在平丘卡 6 号地点开展墓葬区发掘清理、周边区域调查及试掘、中俄田野考古方法及技术交流和实验室工作及学科交叉研究等四方面工作。

九、中国与以色列联合考古

2015 年以来，中国中山大学、上海大学、山东省文物考古研究院等与以色列希伯来大学、海法大学等联合开展以色列科西海滩遗址考古发掘、中国弥河流域区域系统调查研究工作。

（一）以色列科西海滩遗址考古发掘

科西海滩遗址位于以色列北部加利利海东岸、自科西海滩向戈兰高地延伸的台地，自古就是叙利亚通往约旦河谷的要冲，文化内涵丰富，年代跨罗马帝国、拜占庭帝国、倭马亚王朝至马穆鲁克王朝时期。

2015 ～ 2018 年，中国中山大学社会学与人类学学院和以色列海法大学莱昂·瑞卡那提海洋研究所、哈特实验室及海洋学院开展教学与科研合作，完成以色列科西海滩考古项目，共清理圆形石构建筑遗迹 1 座、犹太会堂遗址 1 座、堤坝及其他遗迹若干；出土遗物包括罗马帝国时期以来各时期陶片、玻璃器、钱币及希伯来文碑刻等。科西海滩考古，有助于了解遗址的基本面貌和历史沿革，为西亚地区古代文明变迁与交流研究提供了新的资料。

科西海滩遗址发掘现场

（二）中国弥河流域区域系统调查

弥河位于中国山东省中部，其主流发源于临朐县南部，经临朐、青州，自寿光入海。根据 20 世纪 80 年代初的第二次全国文物普查和 21 世纪初的第三次全国文物普查结果，弥河流域是中国鲁北地区先秦聚落最为密集的区域。

2019 年 10 月，中国山东省文物考古研究院、山东大学、上海大学与以色列希伯来大学、海法大学在弥河流域联合开展"中以合作弥河流域区域系统调查项目"。中以联合考古队在弥河支流丹河上游的丘陵山地区域、丹河干流河谷及两岸冲积平原以及丹河与弥河干流之间约 30 平方千米范围的台地区域进行了系统调查，记录了包括龙山文化、西周、东周、两汉等不同时期的标本采集点约 300 个，发现陶器、石器、燧石、石英质细石器等遗物约 3000 件。

本次调查涉及的遗址绝大多数为新发现，大大丰富了对弥河区域文化面貌的认识。

弥河流域龙山文化遗物和遗迹

中以考古队员在现场采集标本

十、中国与伊朗联合考古

2015 年以来，中国南京大学、中国科学技术大学先后与伊朗国立考古学研究中心、内沙布尔大学联合开展纳德利土丘、宝吉土丘等遗址考古发掘项目，取得丰硕成果。

（一）纳德利土丘考古

土丘是伊朗、中亚和南亚特有的聚落形式。纳德利土丘位于伊朗北呼罗珊省希尔凡市近郊，地处古代丝绸之路通往近东和罗马的必经之路上，是伊朗东北部最大的土丘之一。

2016 年夏，中国南京大学与伊朗国立考古学研究中心、伊朗国立博物馆、德黑兰大学考古系以及北呼罗珊省文物保护管理机构联合，赴北呼罗珊省阿特拉克河上游河谷进行实地考察。2016 年，中国南京大学与伊朗文化遗产与旅游研究院联合发掘纳德利土丘，研究土丘的起源、年代序列以及城市起源、古代经济、区域文化交流。

2016、2018 年，中国南京大学和伊朗北呼罗珊省文化遗产、手工业与旅游办公室组成联合考古队，先后在纳德利土丘做了两次考古调查与发掘，发掘面积 74 平方米，发现了从铜石并用时代到伊斯兰时期的文化堆积，初步了解土丘的形成动因、生活结构及演变历史。遗址出土有土库曼斯坦纳马兹加风格的彩陶、里海南岸戈尔干平原的灰陶以及一些仿中国的青花瓷残片，揭示了伊朗北呼罗珊省与中亚、戈尔干平原和中国之间的文化联系。

纳德利土丘遗址全景

纳德利土丘遗址出土的仿华瓷器残片　　　　　纳德利土丘遗址出土的伊斯兰时期仿华瓷器残片

纳德利土丘遗址出土的中亚纳马兹加风格彩陶残片

中伊联合考古队在遗址发掘现场

宝吉遗址发掘出土的铜石并用时代早期陶片

宝吉遗址发现的两处房址

（二）宝吉土丘遗址考古

　　宝吉土丘遗址位于伊朗东北部拉扎维呼罗珊省的内沙布尔平原东部，面积 11.1 万平方米，年代从新石器时代晚期一直延续至伊斯兰时期。大量的文献记录和遗存显示，内沙布尔平原地处古代丝绸之路要冲，是周边多种文化交流的重要通道，平原中北部的内沙布尔市正是这段交通要道上的重要枢纽，也是伊朗东北部重要的历史中心之一，为丝绸之路"呼罗珊大道"的重要组成部分。

　　2018 年 6 月，中国科学技术大学科技史与科技考古系和伊朗内沙布尔大学考古系签订合作协议，议定联合开展考古调查与发掘工作。

　　2018 年 11 月，考古队首先对宝吉遗址进行了钻探和调查，采集到不同时期的陶片、石制品、装饰品、青金石和绿松石制品等。2019 年，考古队在遗址边缘区的西北、北部和东北选定了 3 处区域进行发掘，面积 110 平方米，共清理铜石并用时代的灰坑 14 座、土坯房址 4 座、灶 6 座、水井 1 座；出土铜器、陶片、石器、动物骨骼等遗物；还出土了一批与金属冶炼相关的遗物，包括青铜器、炼渣和矿物原料等，为研究该区域史前冶金技术的发展提供了研究资料。

　　2020 年，考古队对出土遗物进行了碳十四年代测定，对各个堆积单位的土样经过浮选和初步拣选，获得了铜石并用时代至青铜时代的大麦、小麦和燕麦等植物标本。

　　宝吉遗址史前遗存的发掘，提供了史前居民的经济形态、生活方式、居住形式以及该土丘遗址的形成过程等方面的资料，为全面了解伊朗东北部地区史前文化的发展序列以及"史前丝绸之路"上东西方文化和技术交流提供了新证据。

中伊联合考古队在遗址发掘现场

十一、中国与沙特阿拉伯塞林港联合考古

2016 年 1 月 19 日，中国国家主席习近平赴利雅得同沙特阿拉伯国王萨勒曼举行会谈，两国元首共同宣布建立中沙全面战略伙伴关系，推动文明对话，扩大两国文化领域交流。在两国元首见证下，中国国家文物局与沙特旅游与遗产总局共同签署了《文化遗产合作谅解备忘录》。12 月，国家文物局水下文化遗产保护中心（现国家文物局考古研究中心）与沙特国家考古中心签署合作协议，联合实施沙特塞林港遗址考古调查与发掘项目。

塞林港位于沙特阿拉伯西南部的红海东岸，8 ～ 13 世纪为海上丝绸之路繁华的贸易港。15 世纪时，明朝航海家郑和就曾经率船队抵达此地。

2018 年 3 月 ～ 2019 年 1 月，中沙联合考古队对港口遗址实施了区域系统调查、遥感考古、数字测绘与重点发掘，发现了成片分布的大型建筑遗址，包括清真寺、商贸与生活建筑等，面积 100 万平方米左右，出土了丰富的遗物。据出土遗物判断，遗址最繁盛的年代应在 9 ～ 13 世纪，大体为阿巴斯王朝时期，相当于中国唐宋时期。遗址中出土有大量中国的瓷器残片，印证了元代汪大渊、明代马欢关于中国瓷器在

塞林港遗址全景图

中沙考古队员在发掘现场

中东地区销售的记载。

考古队在塞林港调查发现了两处大型墓地，墓葬1000多座。部分墓葬还出土了阿拉伯文碑刻，记载有墓主人的族属、信仰与年代信息。

考古队探明了塞林港周边海域水下遗迹的分布状况，在遗址南侧发现了一处可供泊船的古港湾和进出港湾的航道。遗址东侧发现有被流沙掩盖的古代季节性河流遗迹。

塞林港发掘，重现了一座古代国际贸易港的历史景观，为研究港区古人的生活、血缘、宗教信仰和经济文化交流提供了丰富的考古实物资料。该项目也搭建起多学科合作的国际学术交流平台，为探究东西方海上文明交流提供了研究范例。

考古队员在塞林港遗址海湾水下现场取样

遗址出土带有纪年碑铭拓片

遗址出土铜砝码

遗址发现的墓葬

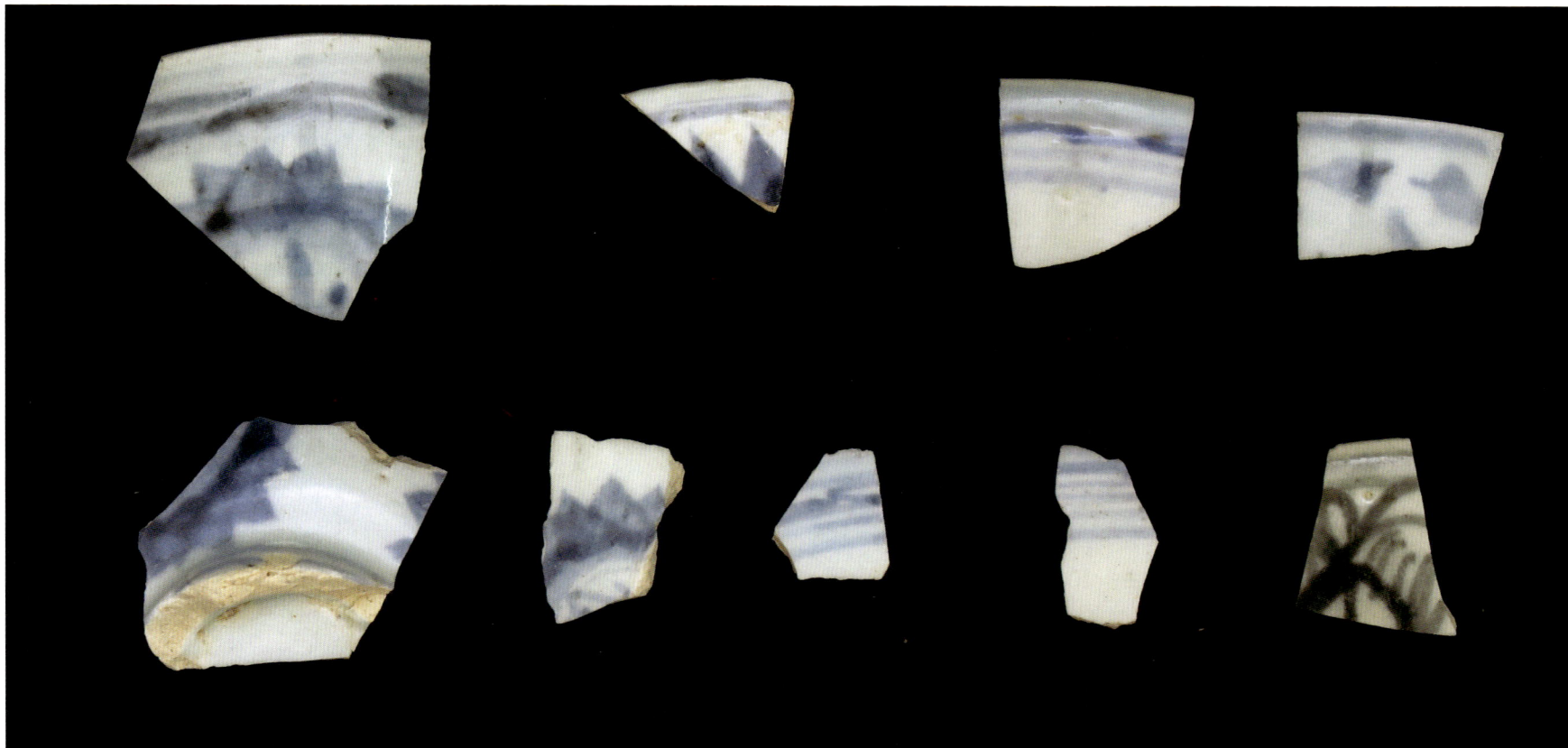

遗址出土中国青花瓷片

遗址区珊瑚石墙体遗迹

陇溪城址清姜墓地航拍图

中越考古队员在发掘现场

陇溪城址出土瓦当

十二、中国与越南陇溪城址联合考古

　　陇溪城址（又称嬴溇古城遗址）位于越南北宁省顺城县清姜社陇溪村。有学者认为，陇溪城址很有可能是中国东汉交趾郡嬴溇县或龙编县的治所。

　　2016 年，中国中山大学社会学与人类学学院和越南河内国家大学下属人文与社会科学大学历史系签订了《共建越南嬴溇古城遗址考古实习教学科研基地框架协议》，在考古调查、发掘、整理、保护、研究以及考古文博人才培养、学术科研等领域开展合作，以陇溪城址为对象，共建"越南嬴溇古城遗址考古学实习教学科研基地"。

　　2016 ~ 2019 年，两校联合对陇溪城址进行三次调查和发掘，对城址的时代、布局、排水系统等有了初步了解，出土了大量汉唐时期砖瓦等建筑构件和陶瓷器残片，其中东汉时期文字瓦当及三国时期越窑青瓷器颇受关注。城外还发现并清理了一座东汉时期砖室墓，主要出土有陶容器、房屋模型明器残片以及玻璃珠 1 颗。

　　陇溪城址的调查与发掘为城址性质的确认提供了重要证据，也为两汉时期中国中原地区与中南半岛关系史研究提供了丰富的实物资料。

陇溪城址出土青瓷碗

十三、中国与斯里兰卡联合考古调查与发掘

斯里兰卡是古代南亚海上丝绸之路的重要节点，拥有丰富的以古港口为代表的海丝史迹。2018 以来，中国上海博物馆、四川大学与斯里兰卡中央文化基金会、卡凯拉尼亚大学合作，联合开展贾夫纳地区、曼泰港等遗址调查与发掘工作，取得系列成果。

（一）贾夫纳地区遗址调查与发掘

2018 年，中国上海博物馆与斯里兰卡中央文化基金会组成联合考古队，对贾夫纳地区开展全面调查，并对阿莱皮蒂遗址和凯茨堡遗址进行重点发掘。

阿莱皮蒂遗址位于斯里兰卡北方省贾夫纳县凯茨岛东南部。发掘面积 92.4 平方米，通过发掘与筛选，共发现陶瓷器残片 650 余片，其中超过 600 片瓷片来自中国，以广东窑口产品为主。同时考古队还对贾夫纳地区开展全面调查，较全面了解了 20 余个遗址点的文化面貌，其中部分遗址点发现了来自中国的元代枢府瓷、明清时期的青花瓷等遗物。

据斯里兰卡当地文献记载，凯茨堡遗址为斯里兰卡较早的港口，1629 年葡萄牙殖民者在该遗址上建立了城堡，17 世纪晚期被荷兰人控制。在全面调查的基础上，考古队对凯茨堡遗址进行了航拍、三维建模与等高线测绘，并做了小面积试掘，出土了早至公元前 2 世纪的陶片。

中斯联合考古队在阿莱皮蒂遗址发掘现场

联合考古队还对贾夫纳考古博物馆保存的 1977 年阿莱皮蒂遗址出土器物开展分类、统计、绘图和拍照等全面整理工作，共计 5400 余件。

上述考古工作，充分证明了贾夫纳地区作为海上丝绸之路在南亚的重要贸易港的地位，为古代中斯贸易与交流研究提供了重要证据。

阿莱皮蒂遗址出土青釉执壶

阿莱皮蒂遗址出土潮州窑酱釉双联壶

阿莱皮蒂遗址出土耀州窑青瓷碗残片

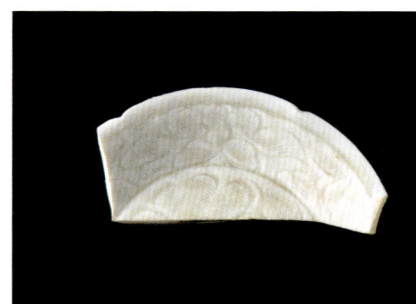

阿莱皮蒂遗址出土刻划花青白瓷残片

中斯考古队员在阿莱皮蒂遗址进行考古发掘

中斯考古队员在曼泰港遗址发掘现场

曼泰港遗址调查所获部分珠饰及玻璃器残片

曼泰港遗址调查所获部分瓷片

（二）曼泰港遗址考古发掘

曼泰港位于斯里兰卡西北部马纳尔地区，隔保克湾与印度西南部相望。该港口位于印度洋中心，为印度洋航线上东西来往船只的必经之地，也是公元前 2 世纪至公元 11 世纪斯里兰卡首都阿努拉德普勒与印度洋联系的前哨，是印度洋东西方贸易交流的重要窗口。

2017 年，中国四川大学历史文化学院考古系与斯里兰卡凯拉尼亚大学考古系对斯里兰卡曼泰港遗址开展调查，明确了曼泰遗址的规模、范围、分布、年代和文化来源，确认该地区存在一定规模的建筑遗存。同时利用航空测绘系统，较全面掌握遗址地理信息，并在遗址北部进行了系统钻探，对该区域的地层堆积和遗迹分布有了清晰了解。

调查采集有金属、陶瓷、西亚风格的玻璃器、印度太平洋石珠和贝饰及其半成品等遗物 750 件，并确定遗址时代约为公元 8 ~ 10 世纪。调查所获中国瓷器尤其丰富，包括越窑青瓷、长沙窑青釉彩瓷、邢窑及巩义窑等北方窑口烧造的白瓷及白釉绿彩器、广东青瓷等，风格符合中国晚唐五代至北宋初期（9 ~ 10 世纪）外销瓷的特征。

考古发掘研究表明，曼泰港历史上是一座极具活力的古代贸易港，既是贸易中心又是制造中心，在海上丝绸之路上长期居于枢纽地位。

中斯考古队员在曼泰港遗址现场

孟图神庙遗址全景

十四、中国与埃及卢克索孟图神庙联合考古项目

2016 年 1 月 21 日，中国国家主席习近平访问埃及时指出，中埃同为世界文明古国，两国人民友好交往源远流长，中方愿意同埃方加强人文合作，密切文化、教育、旅游交流，增进两国人民友好交往。2018 年 10 月，中国社会科学院考古研究所与埃及文物部签署合作和互助协议，并签署中埃卢克索孟图神庙联合考古项目协议。

孟图神庙始建于阿蒙霍特普三世法老时期（前 1391 ~ 前 1353 年），是卢克索最负盛名的卡尔纳克神庙的一部分。

中埃考古队员在发掘现场

2018～2020年，中埃联合考古队分别对卢克索孟图神庙南围墙处的奥西里斯小神殿区、神庙西南角与玛阿特神庙相连区域进行了测绘与考古发掘。

在奥西里斯小神殿区，联合考古队成功揭示出第二座奥西里斯小神殿的柱厅，柱基残留的铭文显示该座神殿是由第二十五王朝圣女阿蒙尼尔迪斯为冥神奥西里斯所建。考古发掘还首次揭露出了第三座小神殿的整体轮廓，确认年代为公元前1000年，弄清了神殿的布局，发现了神殿内壁浮雕残迹和数件用于祭祀的奥西里斯青铜小雕像。

在孟图神庙与玛阿特神庙连接处，出土有较多泥砖材质的建筑遗迹，尤为重要的是发现一处由泥砖铺设的地面，泥砖上印有阿蒙霍特普三世的登基名——NebMaatRa。这一发现为研究孟图神庙主体建筑的始建年代提供了准确的年代标尺。该区域还发现有建造孟图神庙之前的古王国时期聚落（或营地）遗迹。

孟图神庙遗址出土不同尺寸的奥西里斯小铜像

中埃卢克索孟图神庙联合考古项目的实施，对孟图神庙的建筑年代、布局以及神庙区域早期遗址分布情况，以及神庙的历史地位和作用发展过程有了初步认识，为复原该遗址提供了重要的帮助。

小神殿发掘区工作现场

修复后的第二小神殿遗迹

罗马时期的建筑遗址

十五、中国与意大利拉·比阿吉奥拉遗址联合考古

拉·比阿吉奥拉遗址位于意大利托斯卡纳大区格罗塞托省索拉诺市索瓦纳镇的同名庄园内。该遗址在 2004 年调查时发现，试掘确认其为从公元前 4 世纪至近代的连续堆积。

2017 ～ 2019 年，中国中山大学社会学与人类学学院和意大利索拉纳文化与疆域协会合作，对遗址进行了 4 次发掘。发掘区分为东、中、西三个区域，总面积约 1000 平方米。通过考古工作确定发掘区在近代以前的建筑活动主要有三个时期：第一期年代为公元前 4 世纪，属于埃特鲁利亚文明的中期；第二期遗存上限不早于公元前 1 世纪，可能废弃于 4 世纪；第三期为伦巴第时期（6 ～ 8 世纪）。此外，联合考古队还在遗址周边发现埃特鲁利亚至罗马时期的聚落、墓地以及中世纪的城堡遗址等。

调查及发掘成果对于研究埃特鲁利亚文明、罗马文明和伦巴第王国都具有重要意义，有助于在今后的研究和发掘中进一步揭示遗址的性质、与周边城址或村落的关系等。

罗马建筑废弃堆积中出土的钱币

中意考古队员在发掘现场

中意考古队员在清理伦巴第时期墓葬

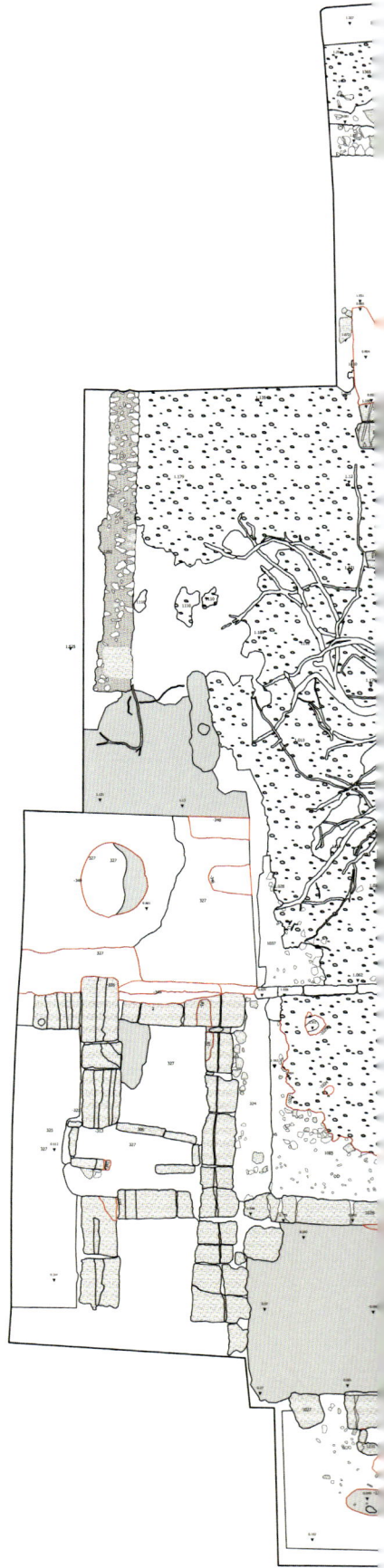

拉·比阿吉奥拉遗址总平面图

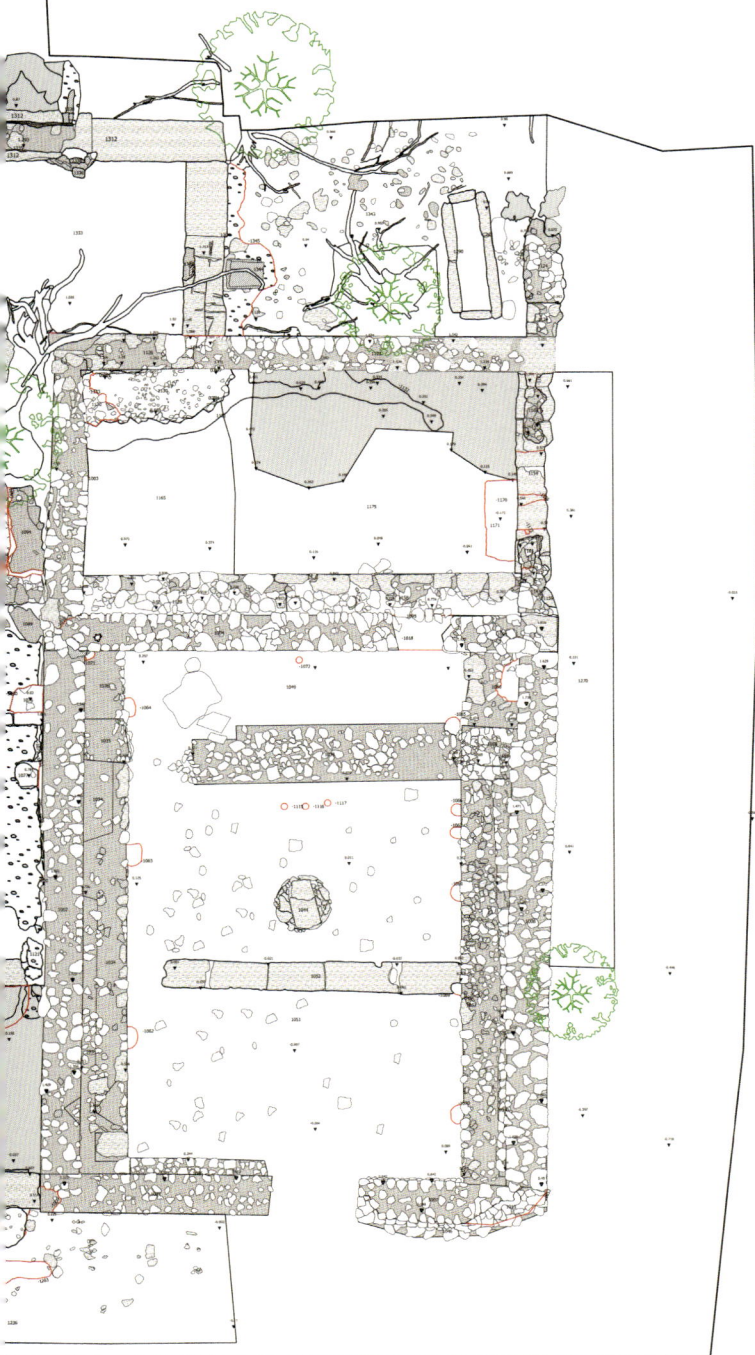

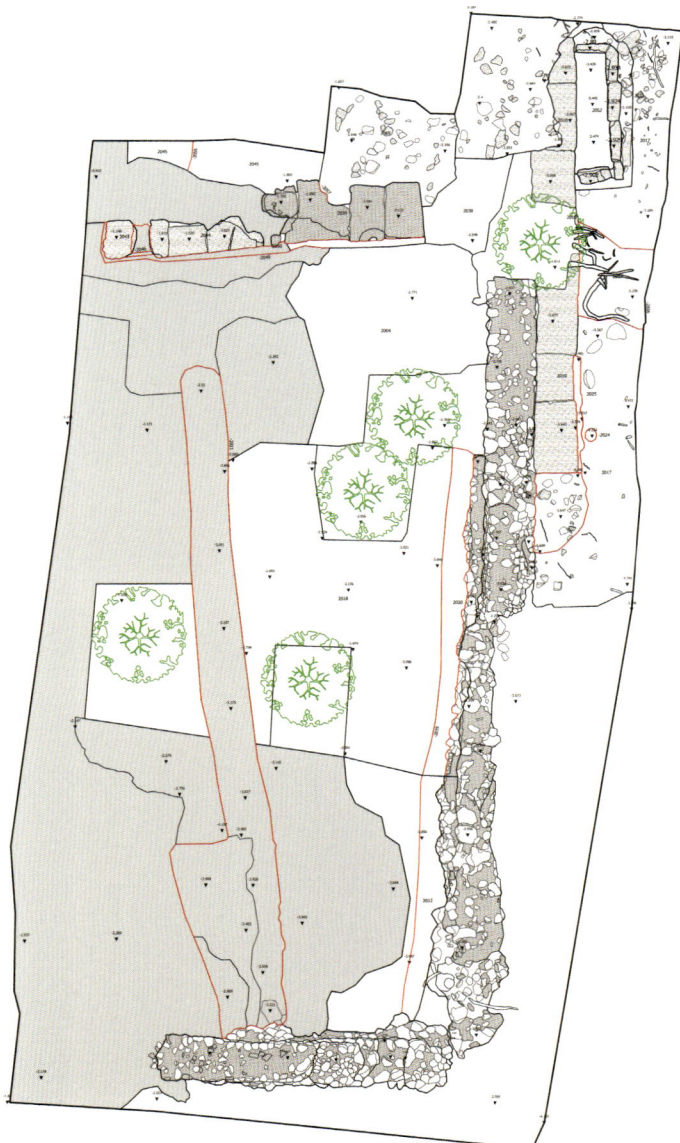

Legenda
- Banco di tufo
- Cocciopesto
- Confini
- Laterizio
- Malta
- Pietra
- Tufo
- Cesura (US -)
- 0.000 Quote in metri

寺院建筑遗址发掘现场

科拉斯纳亚·瑞希卡遗址出土釉陶片

科拉斯纳亚·瑞希卡遗址出土陶器

十六、中国与吉尔吉斯斯坦科拉斯纳亚·瑞希卡遗址联合考古

科拉斯纳亚·瑞希卡遗址（又称红河古城）位于吉尔吉斯共和国楚河州坎特镇，核心区面积约 2 平方千米，是吉尔吉斯斯坦楚河流域最大的古城遗址。据考证，该遗址可能是《新唐书·地理志》所载"新城"，即阿拉伯、波斯等文献中的奈瓦契特城。2014 年，科拉斯纳亚·瑞希卡遗址作为"丝绸之路：长安—天山廊道路网"的重要组成部分列入《世界遗产名录》。

中国陕西省考古研究院与吉尔吉斯斯坦国家科学院历史、考古与民族学研究所，于 2018 ~ 2019 年联合对古城西南侧佛寺遗址等进行了调查、勘探与测绘，发现了房址、圆台形遗迹、墓葬等，出土大量的泥砖、陶器、铜耳环、中国方孔钱币、壁画残块、铜片、玻璃残块等遗物。测定遗址年代为 668 ~ 1018 年，相当于中国唐初至北宋前期。

科拉斯纳亚·瑞希卡遗址联合考古项目，初步明确了古城形制，以及西南侧佛寺遗址的布局、建筑工艺和年代，为中亚佛教与艺术考古研究提供了类型学和年代学标尺。考古发现，古城的内外重城结构与中国新疆境内诸多唐代古城形制相似，且部分出土遗物具有典型的中国风格。这些发现，为古代中吉文化交流研究提供了重要实证。

拉哈特遗址鸟瞰

十七、哈萨克斯坦拉哈特古城联合考古

　　拉哈特古城遗址位于哈萨克斯坦境内天山北麓伊塞克国家历史文化遗址保护区内一处台地上，东距中国霍尔果斯约 250 千米，西距哈萨克斯坦阿拉木图约 50 千米，是丝绸之路天山北线上的一处重要遗址点。

　　2017 ～ 2021 年，中国陕西省考古研究院与哈萨克斯坦伊赛克国家历史文化博物馆联合对拉哈特古城遗址开展考古工作，共调查遗址点 20 处，遗址面积超过 4000 万平方米，发掘面积 1290 平方米，其中清理房屋 1 座、墓葬 19 座、马坑 2 座、灰坑多座，以及窑炉、沟道等诸多遗迹；出土铜、铁、陶、石、骨器和动物骨骸等多类遗物。通过发掘，确认使用年代以公元前 5 ～前 3 世纪的塞人—乌孙时代和 9 ～ 10 世纪的突厥时代为主体，最晚可延续至 13 世纪前。

　　考古队还前往伊犁河卡普恰盖水库周围区域进行考古调查，对克根、春贾、扎尔肯特、阔诺额林、萨雷奥泽克、阿尔金—埃姆尔沙漠国家公园塞人王陵等处的多座墓葬遗迹实施了踏勘，初步探明哈萨克斯坦伊犁河中游的卡普恰盖水库两岸大量的、规则分布的封堆墓葬。

　　拉哈特古城的发掘，为进一步了解该区域的考古学文化面貌和历史变迁，研究与中国西域和中原地区的政治、文化、经济交流等积累了科学的考古资料。

拉哈特遗址发掘的马坑

考古队员清理现场

拉哈特遗址出土的陶罐和铁锥

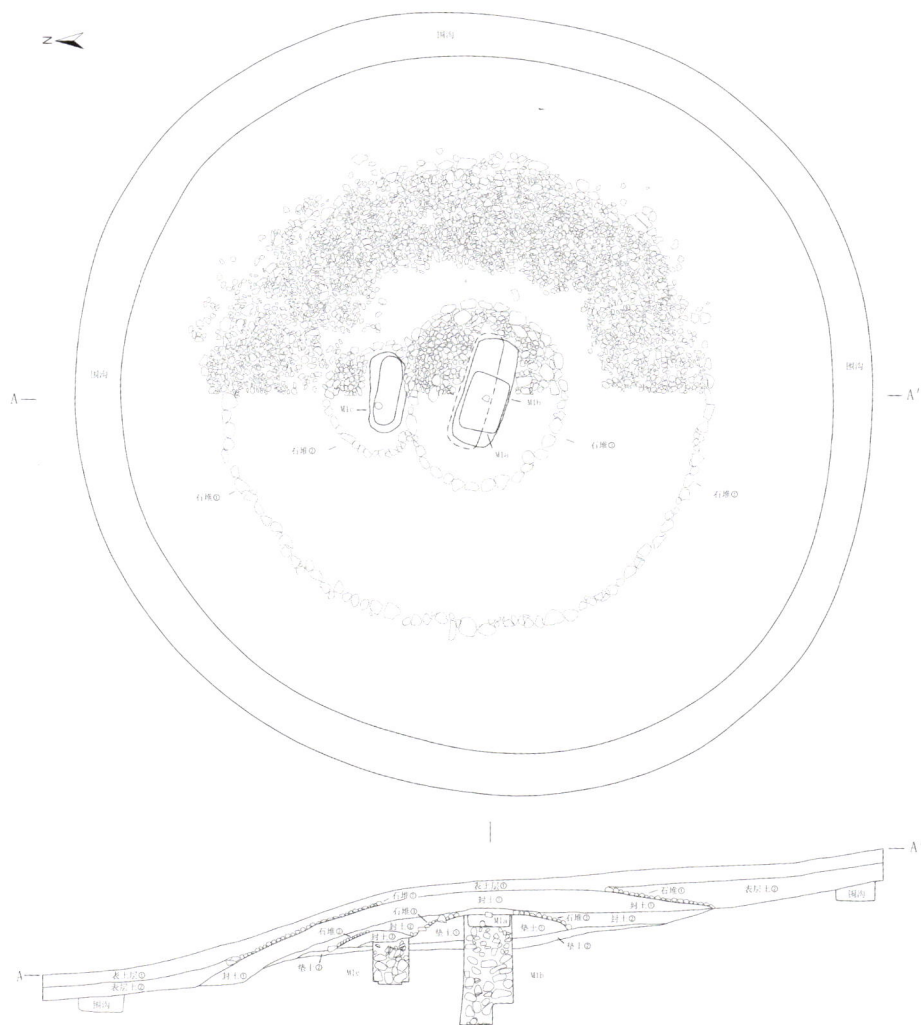

拉哈特东南墓地一号墓平、剖面示意图

巴哈塔尔遗址全貌

中巴联合考古队合影

十八、中国与巴基斯坦巴哈塔尔遗址联合考古

巴哈塔尔遗址位于巴基斯坦首都伊斯兰堡近郊阿托克市，是一处由史前延续到历史时期的聚落遗址。

2018～2019年，中国南京大学考古文物系、河北师范大学、湖北省文物考古研究所与巴基斯坦沐美扎马国际有限公司、旁遮普大学联合勘探和发掘了巴哈塔尔遗址，发现了大量的哈拉帕文化晚期的灰坑和丰富的陶器等遗物，出土了石器、陶器、骨器、小件铁器、小件铜器、玻璃器、费昂斯珠子、贝壳等文物700余件，确认了哈拉帕文化时期（前2600～前1800年）和吠陀时期（前2000～前600年）两期遗存。

考古队员在遗址现场发掘

考古队员在遗址现场清理

遗址祭祀遗迹

遗址出土遗物

十九、中国塔吉克斯坦联合考古

2018 年起，中国西北大学、洛阳市文物考古研究院与塔吉克斯坦科学院联合开展贝希肯特谷地、彭吉肯特萨拉兹姆遗址的考古调查与发掘工作，取得丰硕成果。

（一）贝希肯特谷地考古调查与发掘

贝希肯特谷地位于塔吉克斯坦哈特隆州西南部，南临阿姆河。谷地内曾发现上千座集中分布且文化特征鲜明的墓葬，很可能是古代大月氏国王庭所在。

2018 年，中国西北大学、洛阳市文物考古研究院与塔吉克斯坦科学院历史、考古与民族学研究所组建联合考古队，在谷地西侧和南部共调查墓葬群 9 处，遗址 5 处；并对 4 座卡什卡尔墓地墓葬进行了发掘。此次调查采集与出土器物有陶、铜、铁、金、石等质地，其中以陶器为主。陶器除纳骨器和瓮棺外，还有罐、钵、杯、瓮、盘、碗等多种器形。铜器主要有钱币、耳环、铜镜、铃等；铁器主要为戒指和铁条；金器全部为金泡；此外，

还有绿松石串珠、滑石珠、玻璃珠等饰品。

根据遗物特征及科学检测分析，卡什卡尔墓地 4 座墓葬年代均为属希腊化一月氏时期（公元前 2 ~ 前 1 世纪），但葬俗各不相同，分别为仰身直肢局部二次扰乱葬、多人二次葬、纳骨葬和瓮棺葬。其中仰身直肢葬为月氏文化习俗；二次葬和纳骨葬属于拜火教（琐罗亚斯德教）的迁葬习俗，并在当地沿袭已久，可见墓主人应为当地的土著居民。此外，墓葬的石结构封堆和竖穴土圹墓形，又带有游牧文化墓葬的色彩。

贝希肯特谷地西南部墓地调查与卡什卡尔墓地调查发掘，为研究大月氏文化的特征与分布以及大月氏人去向等提供了重要线索。

卡什卡尔墓地全景

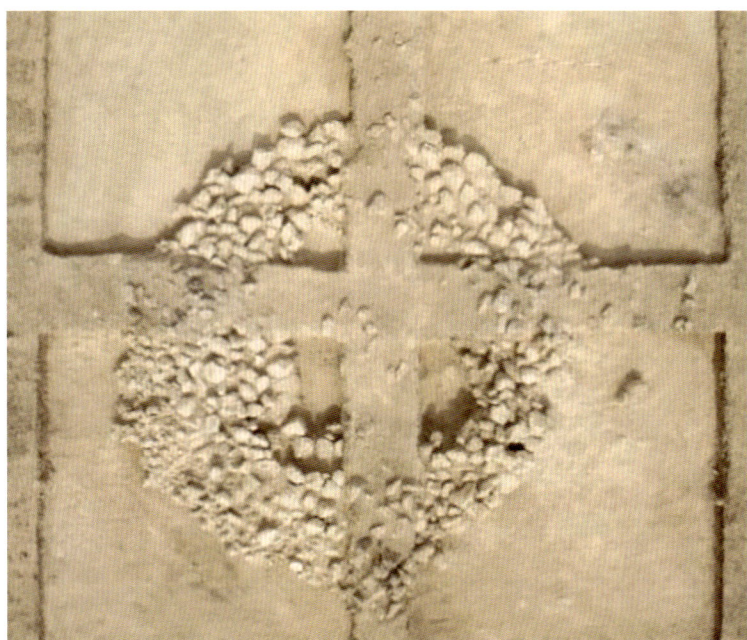

卡什卡尔墓地四号墓封土堆

卡什卡尔墓地发掘现场

萨拉兹姆遗址全景图

萨拉兹姆遗址出土的陶碗、陶杯残片

（二）彭吉肯特萨拉兹姆遗址考古勘探

萨拉兹姆遗址位于塔吉克斯坦西北部索格特州彭吉肯特市境内，面积约 1.3 平方千米，是一处史前时期的大型中心聚落。遗址见证了从公元前 4000 ～前 3000 年后期中亚地区定居点的发展及原始城市化的早期兴起，证明了跨区域贸易和文化交流的存在，2010 年被列入《世界遗产名录》。

2019 年 10 月，应塔吉克斯坦科学院邀请，为配合"纪念萨拉兹姆 5500 年"系列活动，中国西北大学、洛阳市文物考古研究院同塔吉克斯坦科学院历史、考古与民族研究所考古部联合开展了萨拉兹姆遗址考古勘探工作。累计勘探面积约 1 万平方米，共发现灰坑、房址、碎石面、沟渠等各类遗迹现象 13 处，并对拟发掘区域内遗迹现象的形状、深度及性质做出准确判定，还首次发现了遗址的水系。

萨拉兹姆遗址考古勘探工作，初步厘清了遗址的功能布局，为中亚史前聚落和丝绸之路的起源研究提供了丰富材料。

考古队员在萨拉兹姆遗址现场勘探

二十、中国与罗马尼亚多布若瓦茨遗址联合考古

分布于现今罗马尼亚和乌克兰境内的库库滕一特里波利耶文化是"古老欧洲"的代表性遗存，以精美的彩陶器而闻名于世。该文化的彩陶遗存与中国仰韶文化遗存具有相似性。多布若瓦茨遗址是一处典型的库库滕文化早期晚段遗址（绝对年代约为公元前4300年），位于罗马尼亚东部边境城市雅西市以南约30千米的多布若瓦茨村南丘陵顶部，文化堆积分布面积近6万平方米，早期勘探发现有房屋、疑似环壕等遗迹。

2019年，中国社会科学院考古研究所、郑州市文物考古研究院与罗马尼亚科学院雅西分院雅西考古研究所、雅西摩尔多瓦国家文化博物馆等单位联合，对雅西市境内的多布若瓦茨遗址进行考古发掘研究。

多布若瓦茨遗址航拍图

发掘面积为 360 平方米，清理了房址 2 座，出土了大量有木结构印痕的红烧土块，以及陶片、石器、骨器等遗物。陶片共 3000 余片，大部分为彩陶，器形主要有各类瓮、罐等。此外，还发现了若干陶塑人偶像以及陶塑动物的残部；石器主要有石磨盘、石斧、石锛和细石叶等，骨器则主要有骨锥和骨针；四号房屋内东北部发现了疑似祭坛或研磨加工粮食的方池遗迹。

这次考古发掘，基本摸清了库库滕文化居址的堆积形成过程和文化特征，初步明确了房屋建筑的结构和技术特点，以及库库滕先民的日常生产和生活的基础性资料。此次考古发掘为研究东南欧史前文明提供了丰富的一手资料，也为国内史前考古研究、彩陶研究等课题提供了可资对比的域外视角。

多布若瓦茨遗址出土陶器残片

中罗考古队员在发掘现场

二十一、中国与阿联酋拉斯海马祖尔法遗址发掘

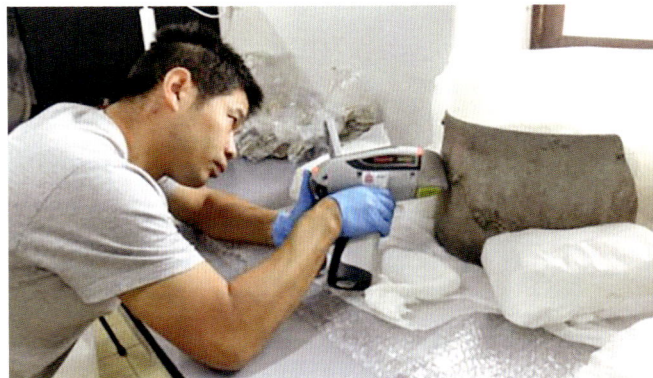

中方技术成员对拉斯海马国家博物馆藏品进行科技检测

拉斯海马酋长国位于阿拉伯半岛北端阿曼半岛西海岸，自古以来就是波斯湾地区重要的贸易口岸。

2019 年，中国故宫博物院与阿联酋拉斯海马酋长国古物与博物馆部签订合作协议。同年，故宫博物院、吉林大学考古学院与阿联酋古物与博物馆部、美国杜伦大学考古系联合，对祖尔法古港遗址范围内阿尔努杜德和阿尔马塔夫两处遗址进行了调查和发掘工作。发现有较为丰富的建筑遗迹和一处完整的陶罐窖藏，出土了大量玻璃器、铜币、铁器，以及大量产自西亚、东南亚和中国的陶瓷器。

在发掘工作开展的同时，联合考古队对遗址保护区进行了区域系统调查，首次发现了明洪武永乐年间的官窑龙泉青瓷和景德镇官窑青花瓷标本，或可证实当时中国与该地区有关官方的联系。

故宫博物院团队还先后于 2018 年 5 月、2019 年 11 ～ 12 月对拉斯海马国立博物馆旧有馆藏陶瓷标本进行整理，完成了日本、英国考古队在祖尔法遗址历年发掘所获全部陶瓷器标本的拍照、建档和检测等工作。

拉斯海马地区考古项目，为波斯湾地区聚落考古研究，以及古代中国与西亚政治、经济、文化交流研究以及海上丝绸之路研究提供了丰富的资料。

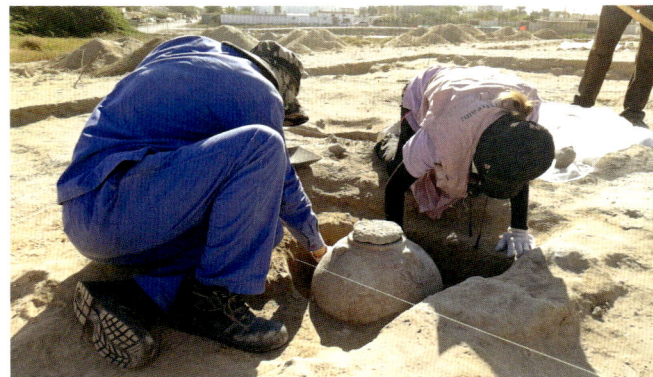

阿尔马塔夫北区发掘现场

阿尔努杜德遗址出土中国外销瓷残件

祖尔法古港遗址全景

二十二、费尔干纳盆地多国联合考古

费尔干纳盆地位于中亚东部乌兹别克斯坦、塔吉克斯坦和吉尔吉斯斯坦三国境内，地处古代丝绸之路的咽喉要道，是中亚古国大宛的所在地。

2019年3月，中国、乌兹别克斯坦、塔吉克斯坦和吉尔吉斯斯坦四国考古研究机构代表在中国西安召开"费尔干纳盆地考古工作座谈会"，议定由中、吉双方牵头，联合考古调研费尔干纳盆地东南部的奥什地区遗址。

2019年9月，中国西北大学联合故宫博物院、陕西省考古研究院、西安市文物保护考古研究院、洛阳市文物考古研究院，与吉尔吉斯斯坦科学院历史、考古与民族研究所以及奥什地区周边博物馆相关学者，乌兹别克斯坦科学院考古所与塔什干大学，塔吉克斯坦科学院历史、民族与考古研究所等四国共20余位学者参加费尔干纳盆地联合考古及四国考古合作交流调研活动。先后考察了苏莱曼山世界遗产地、埃利马奇山岩画遗址的大宛天马岩画遗址、中世纪乌兹根古城的宣礼塔和陵园、大宛时期的沙罗·巴沙特古城等遗址。

费尔干纳盆地四国联合考古项目构建起了费尔干纳盆地考古合作交流机制框架，在考古调查发掘、文化遗产保护和人才培养等方面相互支持，并分享经验。

2019年中、吉、乌、塔四国考古学家在吉尔吉斯斯坦联合考察

埃利马奇山岩画遗址现场调查

岩画遗迹现场调查

洛曼塘过街塔

二十三、中国与尼泊尔木斯塘地区联合考古调查

木斯塘位于尼泊尔西北部喜马拉雅高山区，北与中国西藏接壤。至 20 世纪初期，木斯塘仍是连接中国西南、尼泊尔西部和印度北部之间商贸路线的重要通道。木斯塘首府洛曼塘曾是洛域王国核心地区，遗存有洞窟、墓葬、佛寺和佛塔、宫殿、壁画、雕塑等。

2019 年 10 月起，中国西北大学、天津大学与尼泊尔文物局、尼泊尔考古所进行了联合考古踏查。考古人员对上木斯塘地区甘达基河流域多个村镇进行了广泛调查，涉及岩画点 1 处、墓葬遗址 1 处、洞窟群 5 处、宫殿 3 处、碉楼遗址 8 处、寺庙旧址 3 处、石窟寺 2 处、佛塔 10 余处、玛尼墙 3 处、大规模擦康群 1 处、寺庙 14 处，对洛曼塘北部的一系列戍堡、佛教寺院、宫殿等进行了重点调查与记录。

据调查，木斯塘地区的洞室墓、洞窟群以及洛曼塘附近残存佛塔内发现的擦康与中国西藏阿里地区同属一个考古学文化范畴。据此推知，尼泊尔上木斯塘地区与中国西藏西部自三四世纪至十五六世纪长期保持着密切的文化交流。

洛曼塘北部古代佛塔测绘现场

考古人员对装有擦擦的佛塔进行调查

第三编

保护实践

中国积极倡导"一带一路"文化遗产保护实践。从喜马拉雅南麓的加德满都到沙漠绿洲中的驿站希瓦古城，从热带雨林里的吴哥古迹到蒙古高原上的科伦巴尔古塔，都活跃着中国文物保护工作者的身影，在各处古迹都留下了他们坚定的足迹和保护的成果。通过保护研究实践，不断扩展对中华文明与其他文化圈交流的认知，为更好了解中华文明、增强文化自信提供广阔视野，并通过培训分享与推广相关知识经验。

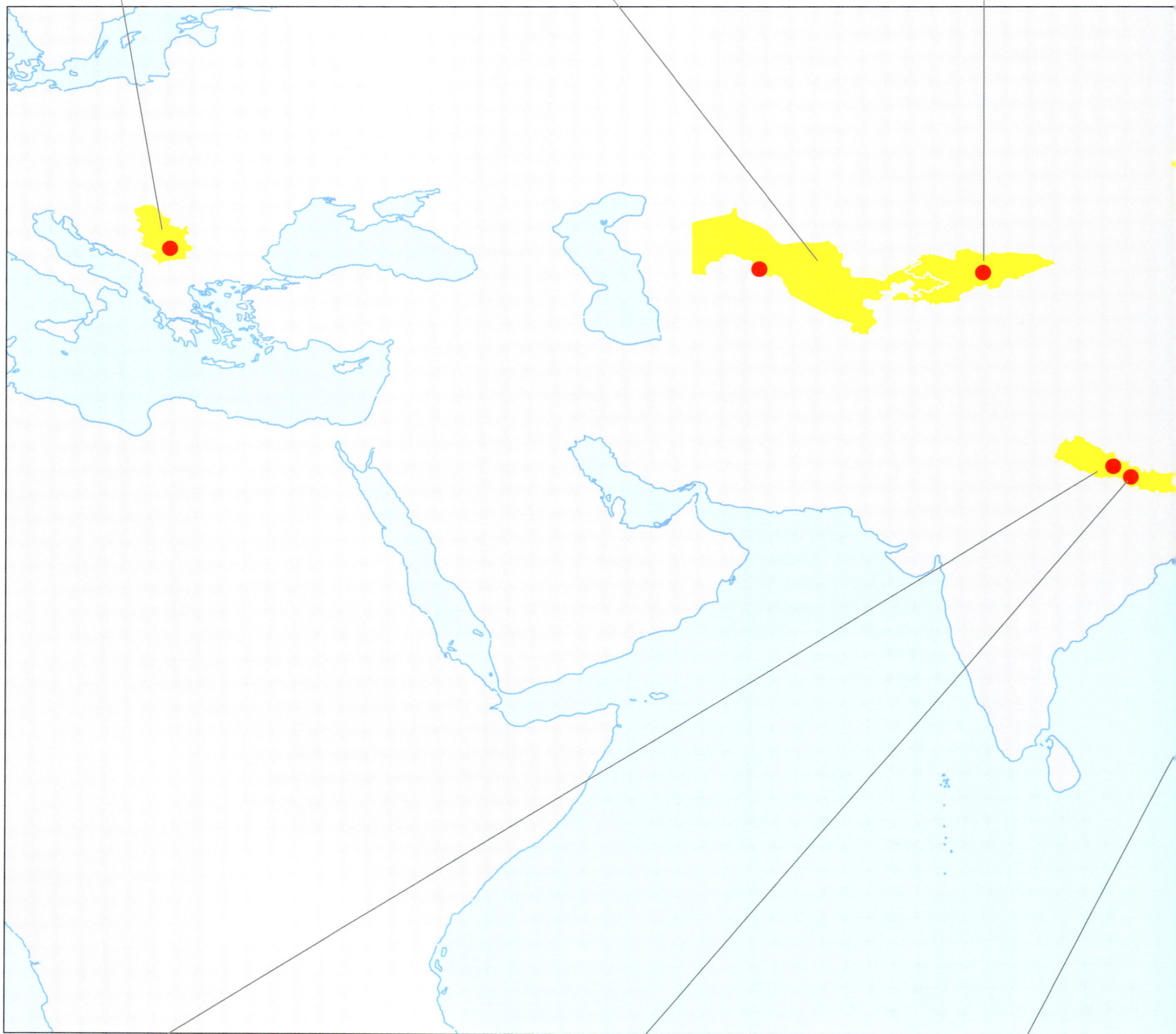

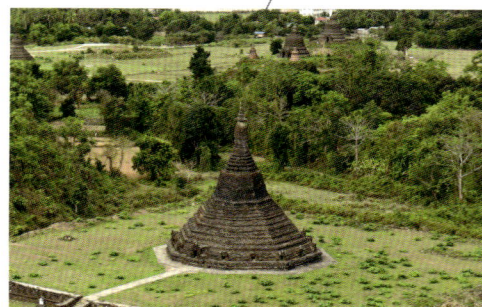

中国援外文物保护研究项目分布示意图

第一节

重要遗产保护研究项目

　　2012 年以来，中国在蒙古国、柬埔寨、尼泊尔、乌兹别克斯坦、缅甸、吉尔吉斯斯坦、塞尔维亚等国开展了 11 项历史古迹保护研究合作项目。在项目实施中，坚持贯彻文物古迹保护国际宪章及《中国文物古迹保护准则》，致力于将最先进的文物保护科学技术运用于文化遗产保护，并提升文化遗产保护项目在各国经济、环境及社会可持续发展中的作用。

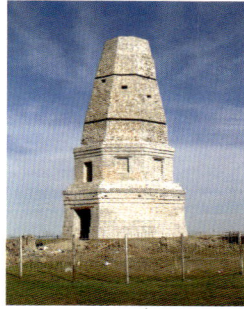

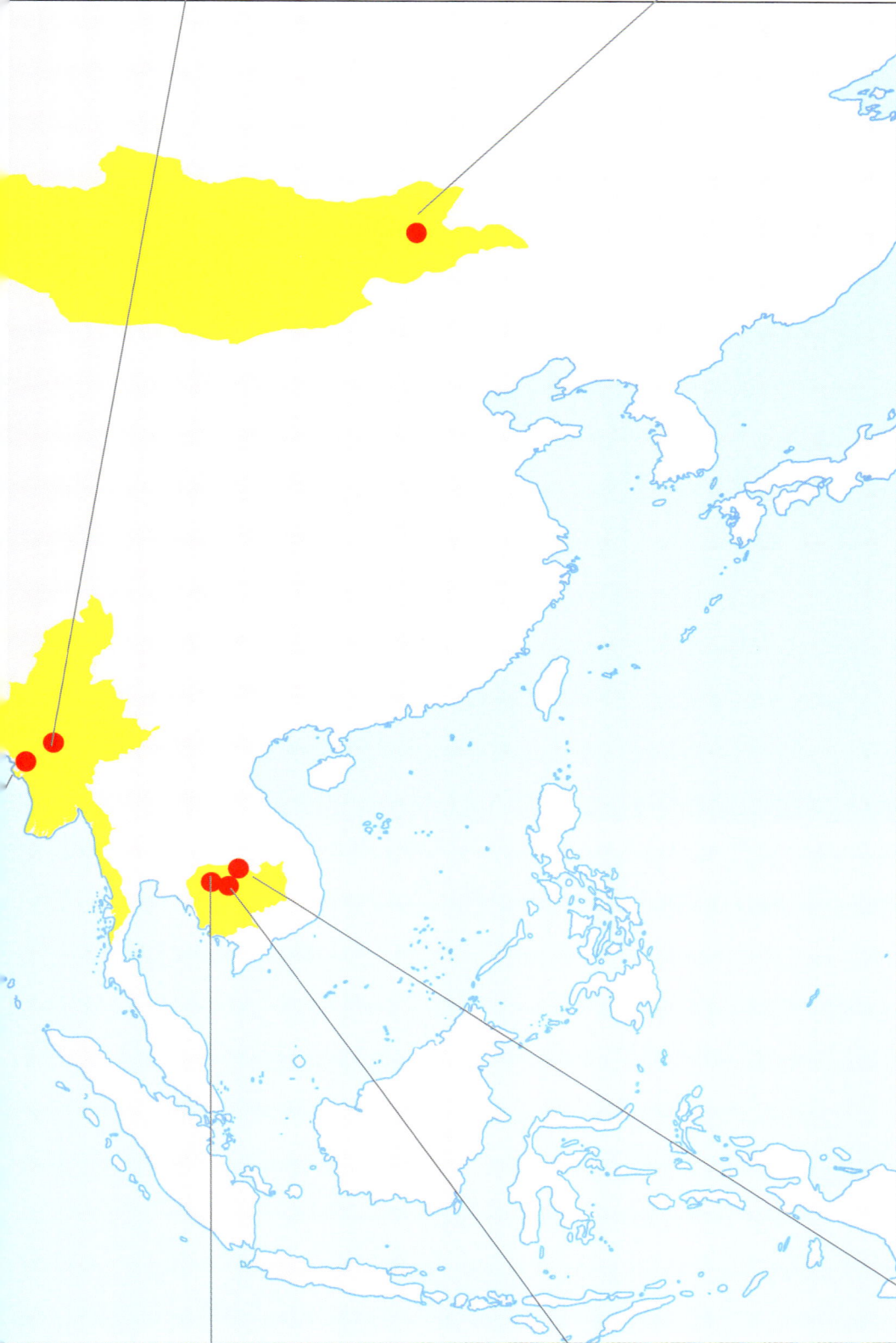

一、柬埔寨吴哥古迹保护修复

吴哥古迹曾是吴哥王朝都城所在。以吴哥通王城与吴哥寺为代表的 40 余处建筑群组、数百座单体建筑遗存，散布在柬埔寨北部暹粒省 400 余平方千米的热带丛林之中，见证着高棉帝国繁盛的历史。1992 年 12 月，吴哥古迹被列入《世界遗产名录》。

吴哥古迹历经近千年风雨，众多寺庙均发生了地基基础沉降、建筑主体结构变形塌落、石刻风化等诸多病害，严重危及遗址的长久保存，遗址本体与环境的保存状况堪忧。在列入《世界遗产名录》的同年，吴哥古迹即被列入了世界濒危文化遗产名录。1993 年，中国政府积极响应联合国教科文组织"吴哥古迹保护国际行动"，成为第一批参与者。

1993 年至今，中国文化遗产研究院先后完成中国政府援助柬埔寨吴哥古迹周萨神庙保护修复项目（1993 ~ 2008 年）、茶胶寺保护修复项目（2010 ~ 2022 年），现正在进行崩必列寺保护研究、王宫遗址保护修复项目，充分展现出中国文物保护工作者精湛的专业技能、务实的工作态度和高度的工作责任感。同时，在开展保护修复的过程中，注重与柬埔寨等国同行互学互鉴，在吴哥古迹及高棉文明历史研究方面取得众多研究成果，先后出版《世界遗产·柬埔寨吴哥古迹周萨神庙》《吴哥古迹联合国教科文组织国际保护行动研究》《吴哥考古与保护史》等著作。吴哥古迹保护修复项目也有力带动了当地经济社会文化的发展，成为最受当地欢迎、最具特色、最有实效的文化成果之一。

2006 年 6 月吴哥国际保护协调委员会第十五次技术会议上，周萨神庙保护工程做法作为范例被联合国教科文组织专家们予以肯定并推广。柬埔寨文化部官员评价说："中国队把散置难看的石构件拼对成形，修旧如旧，像古代的一座旧庙的做法应予以肯定，这是维修古建筑最好的方法。"2006 年 10 月、2018 年 12 月、2022 年 12 月，柬埔寨政府分别向中国文化遗产研究院工作队成员姜怀英、刘江，许言、王元林、顾军，金昭宇、袁濛茜颁发了柬埔寨王国莫尼萨拉蓬骑士级勋章，以表彰其贡献。

吴哥地区考古遗址分布图

周萨神庙

维修前的周萨神庙东楼门

维修后的周萨神庙东楼门

维修前的周萨神庙南藏经殿

维修后的周萨神庙南藏经殿

茶胶寺全景图

（一）茶胶寺保护修复

茶胶寺位于柬埔寨暹粒省首府暹粒市北部，南距暹粒市约 10 千米。茶胶寺其名意为"水晶之塔"，由阇耶跋摩五世国王于 10 世纪末为供奉湿婆神而建。茶胶寺的营造过程处于庙山建筑的转型期，其建筑形制与布局体现新旧建筑要素交融，是吴哥古迹中最雄伟且具有鲜明特色的庙山建筑之一。

2004 年 3 月，中柬两国政府签署了《中柬两国政府双边合作文件》，将"帮助柬埔寨修复周萨神庙以外的一处吴哥古迹，在周萨神庙修复工程完工后实施"作为中柬双边合作的第一项工作内容。2006 年 4 月，中柬两国政府正式确认茶胶寺作为中国政府援助柬埔寨吴哥古迹保护的二期项目，中国国家文物局与柬埔寨吴哥古迹保护与发展管理局签署了《关于加强文物保护合作的谅解备忘录》和《关于保护吴哥古迹二期项目的协议》。2009 年 12 月 21 日，时任国家副主席习近平访问柬埔寨，中柬两国政府就"中国政府援助柬埔寨吴哥古迹保护二期茶胶寺保护修复工程项目"正式签署换文。

2018 年 8 月，中国国家文物局组织专家组进行竣工验收。专家们一致认为，项目维修保护理念正确，工程资料齐全，工程管理规范，工程质量较好，达到了保护修复项目要求，同意项目验收。

2022 年 11 月 10 日，茶胶寺实体移交仪式在暹粒举办，标志着完成修复的茶胶寺正式移交给柬方。

　　茶胶寺保护修复项目内容包括考古发掘与研究、建筑本体保护修复、石刻保护、展示中心建设、环境整治工程等内容。

　　2007 年以来，中国工作队与吴哥古迹保护与发展管理局及柬埔寨皇家艺术大学考古系联合对茶胶寺建筑遗迹开展了多期考古发掘工作，实际发掘面积 800 余平方米，对茶胶寺及周边建筑的布局结构和地下埋藏状况有了较为全面的把握和认识。同时，对茶胶寺周边的 8 处石构建筑进行了调查，并对部分遗址进行了全面勘探。这些调查与发掘工作，在一定程度上修正了以往对茶胶寺及其周边遗存的认识，也为国际学术界深入研究茶胶寺这座大型庙山类型的国家庙宇积累了较为丰富而可靠的考

茶胶寺砂岩神像考古发掘

中国工作队与柬埔寨皇家艺术大学考古系联合考古

古学依据。

在茶胶寺保护修复中，中国工作队严格遵循《吴哥宪章》，坚持不改变文物原状，最大限度采取"可逆"的技术手段。工作人员克服茶胶寺庙山五塔建于高台之上、体量庞大、施工场地狭小、无法应用大型机械设施等多重困难，根据五塔砌筑特征制定修复方案，在高台上搭设脚手架，最大限度做到了不伤及原有地坪，确保文物建筑安全。

茶胶寺砂岩雕刻主要存在于东立面和南立面东端，受当地热带雨林季风气候日温差较大、光照辐射较强、降雨量较大且短暂集中等自然环境因素影响，面临严重的风化并出现了多种病害，如石质构件表面粉化剥落、风化裂隙、表层空鼓等。针对石刻风化严重的情况，中国工作队在综合现场试验与实验室试验的基础上，对茶胶寺须弥台石刻进行修复。

茶胶寺维修工程现场

茶胶寺维修工程现场

茶胶寺东外塔门残损线描示意图

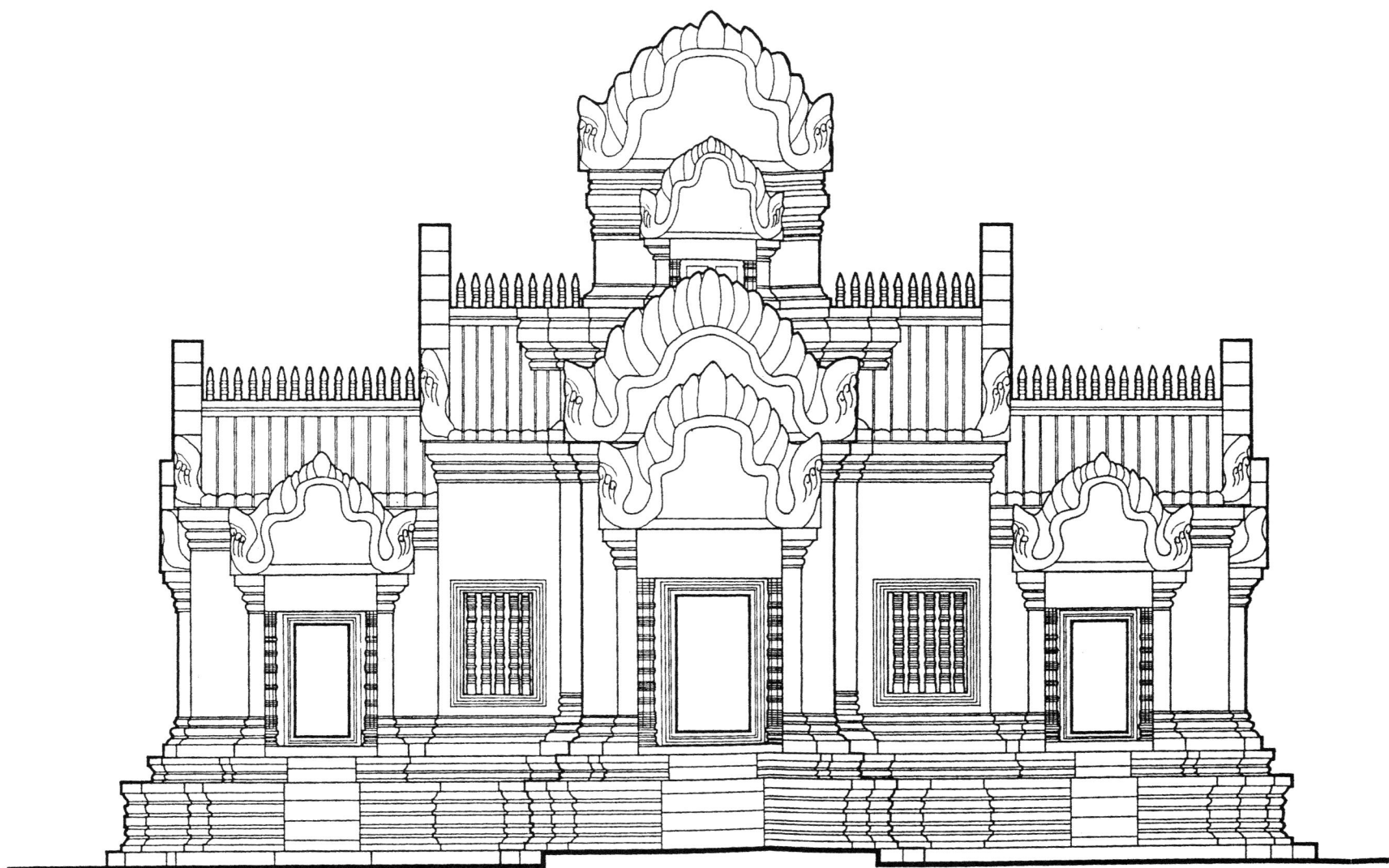

茶胶寺东外塔门竣工线描示意图

维修中的茶胶寺庙山五塔

维修后的茶胶寺庙山五塔

维修前的茶胶寺二层台西北角及角楼

维修后的茶胶寺二层台西北角及角楼

维修前的茶胶寺须弥台东踏步及两侧基台

维修后的茶胶寺须弥台东踏步及两侧基台

中国柬埔寨吴哥古迹研究中心

吴哥古迹保护中国中心

茶胶寺实体移交仪式

柬埔寨骑士勋章证书

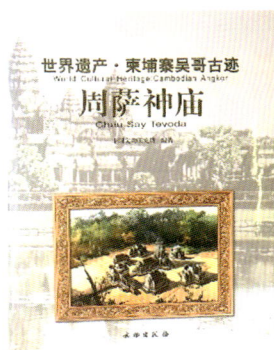

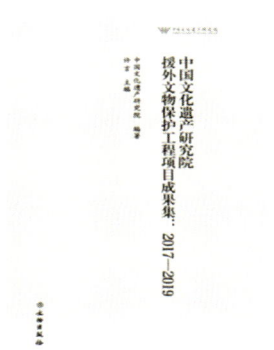

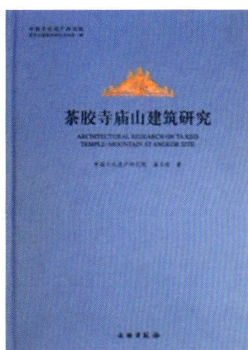

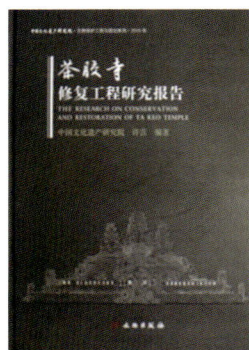

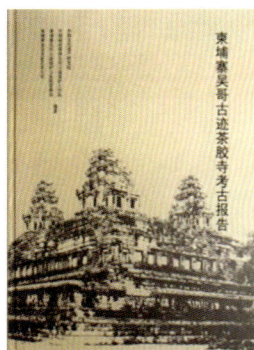

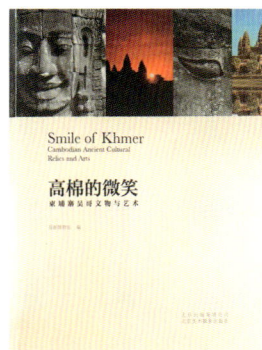

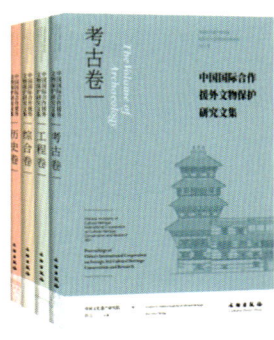

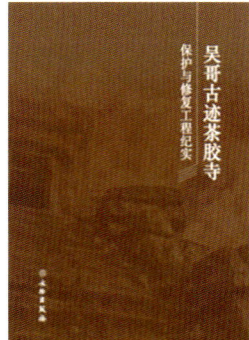

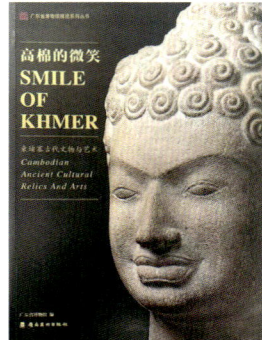

中国文化遗产研究院吴哥古迹保护修复研究成果一览

（二）崩密列寺保护研究

崩密列寺位于距离吴哥古迹核心区以东40千米处，毗邻荔枝山南麓，属于吴哥古迹核心区外围寺庙，是吴哥时期的重要大型建筑，已列入《世界文化遗产预备名单》。

崩密列寺整体坐西朝东，与吴哥大多数寺庙的朝向一致。其规模宏大，仅次于吴哥寺。整个区域东西长1025米，南北宽875米，区域内环绕一圈宽45米的护城河。崩密列寺由中央圣殿、周边建筑、道路系统、水利设施、自然溪流、采石场等共同组成，不仅是一座大型的宗教寺庙，而且也是一座寺庙城市。

崩密列寺建筑残损情况较为严重，主体建筑80%倒塌，整体废墟感强，从未开展过大规模的保护修复工作。19世纪晚期以来，法国、柬埔寨、日本等国文物考古工作者先后对崩密列的寺院布局结构、建筑技术和文物艺术等方面开展保护与研究工作，但其保护和研究却远不如吴哥其他寺庙深入，大部分建筑未经修复。

2017年6月，中国文化遗产研究院和柬埔寨吴哥古迹保护与发展管理局签署合作谅解备忘录，共同开展崩密列寺的研究与保护工作。2017年4月～2018年11月，中国文化遗产研究院与柬埔寨吴哥古迹保护与发展管理局共同开展了崩密列寺的资料收集整理、崩密列寺整体格局调查、东神道三维激光扫描及测绘数据采集、东神道考古勘探和发掘、东神道建筑复原研究以及东平台虚拟修复实验研究。

崩密列寺东平台现状

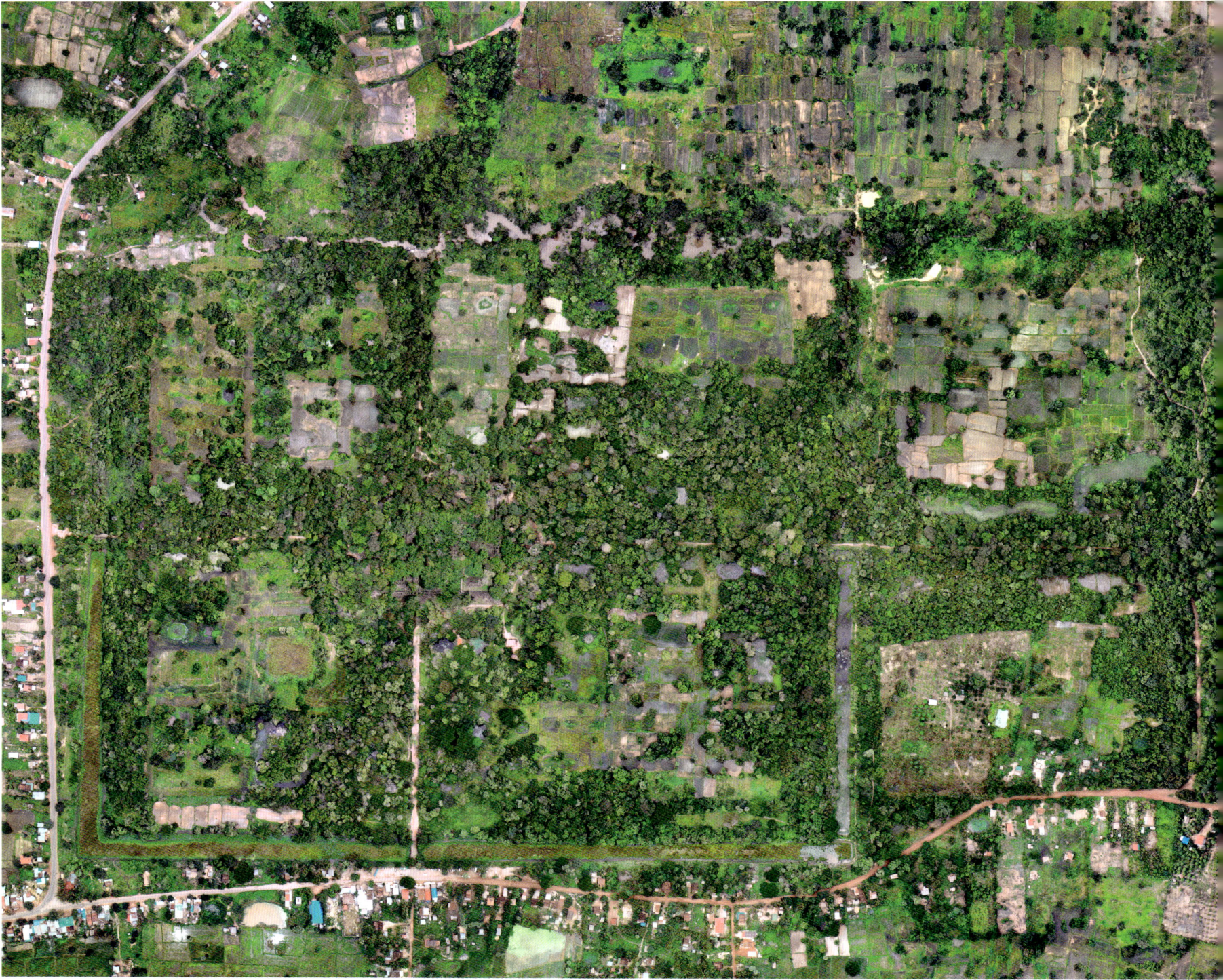

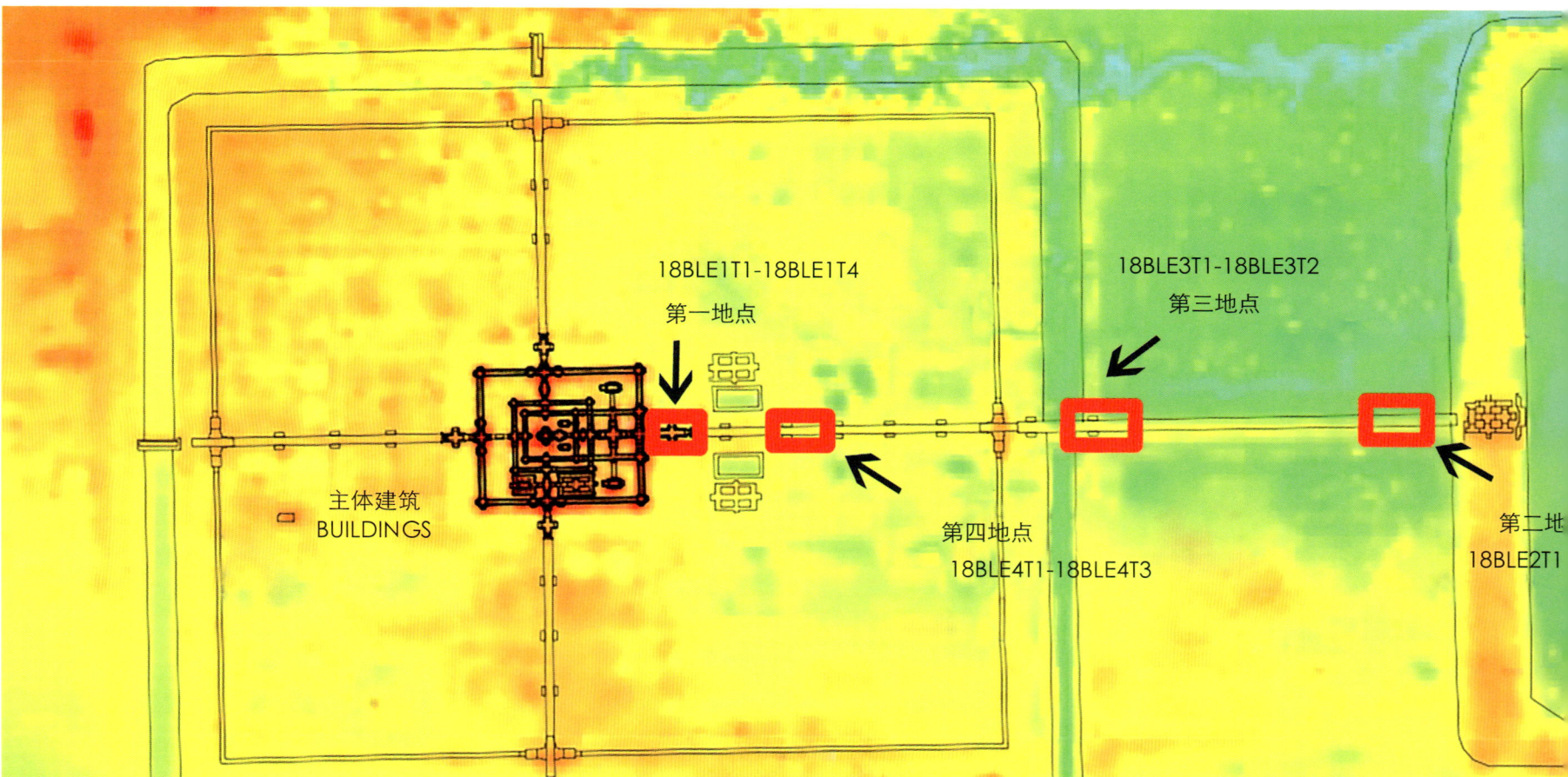

18BLE1T1-18BLE1T4
第一地点

18BLE3T1-18BLE3T2
第三地点

主体建筑
BUILDINGS

第四地点
18BLE4T1-18BLE4T3

第二地
18BLE2T1

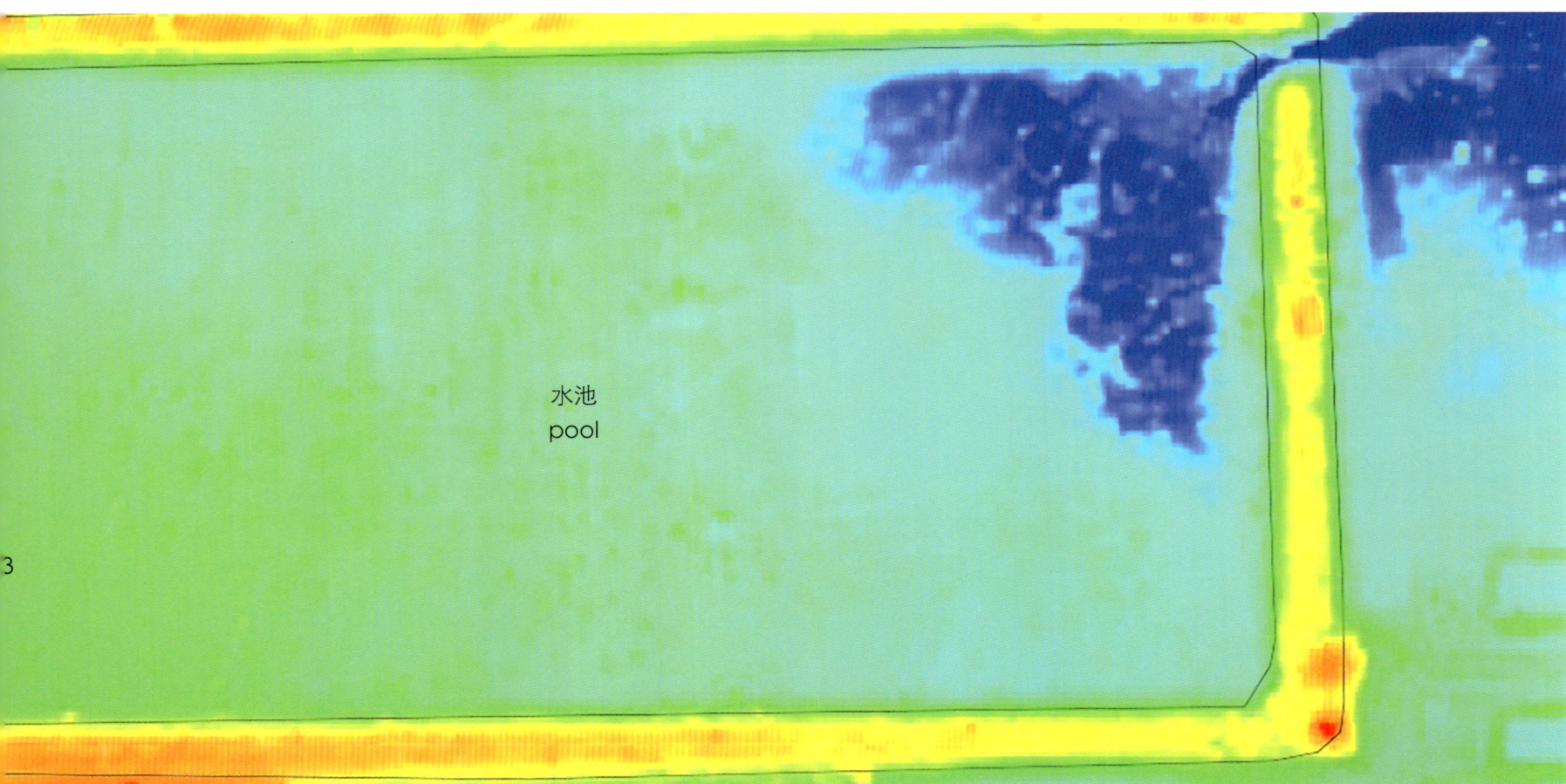

水池
pool

崩密列寺外景

2018年6月，第30届吴哥国际保护协调委员会技术大会在暹粒市召开，中柬双方代表共同汇报了崩密列寺建筑考古与修复实验的研究成果，包括资料收集、整体格局初探、东神道测绘、东平台复原研究和东神道考古发掘等，得到了与会专家的肯定。

在崩密列寺遗址现场测绘与数据采集

在崩密列寺遗址现场勘察

崩密列寺东平台现状扫描模型

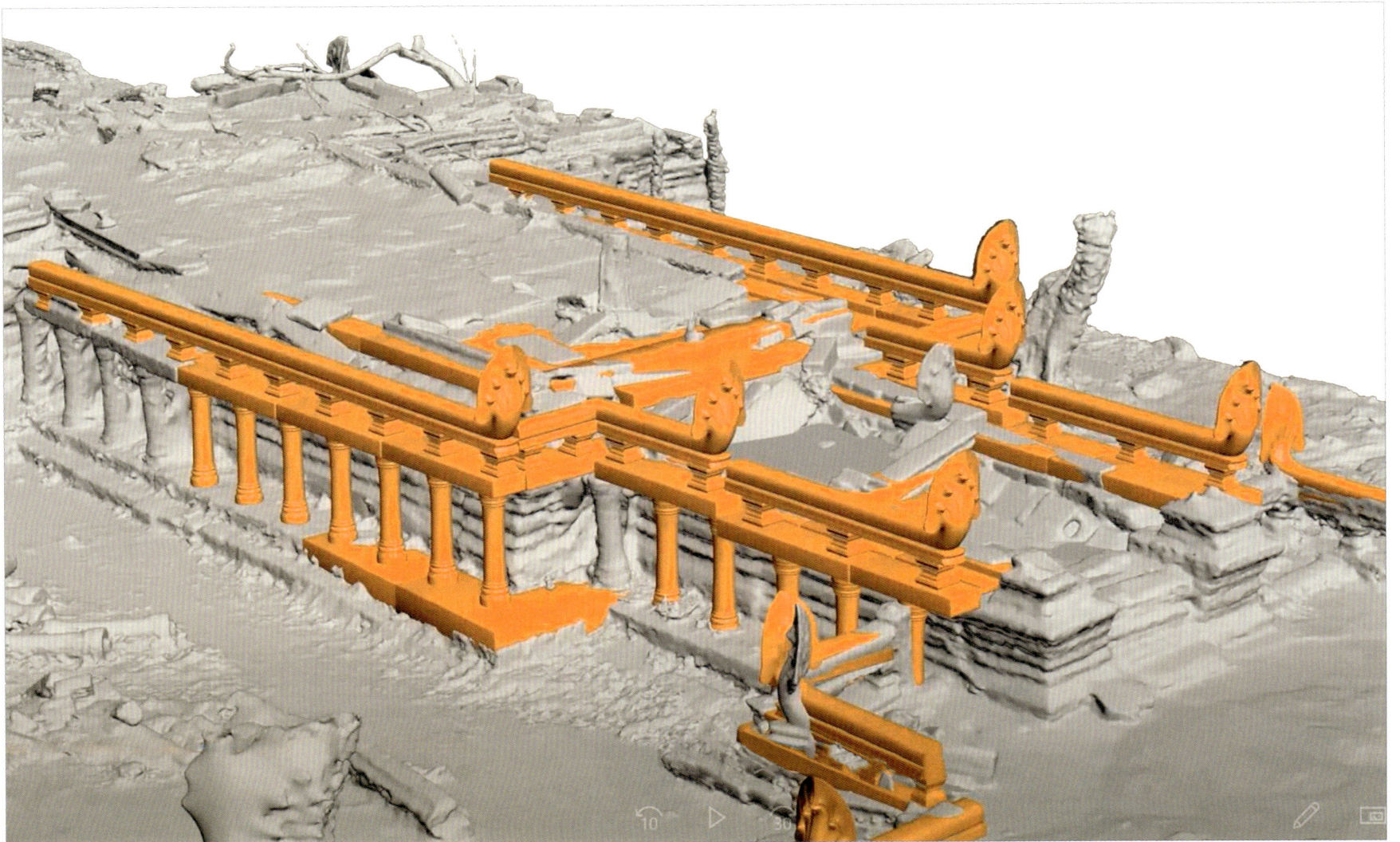

崩密列寺东平台复原效果图

王宫遗址东北塔门

（三）王宫遗址保护修复

王宫遗址位于吴哥通王城中心区域，是高棉帝国政治文化生活的中心。中国元代周达观《真腊风土记》记载了 13 世纪末王宫建筑"屋头壮观，修廊复道，参差突兀，稍有规模"的景致。从 10 世纪开始，王宫就一直作为历代吴哥王朝的政治和宗教中心，持续建设和使用了约 5 个世纪，几乎跨过整个吴哥时期。同时，王宫遗址是一处遗存构成丰富、类型多样且环境优美的复合遗产，也是吴哥古迹中内涵最为丰富复杂的建筑遗址之一。

2018 年 1 月 11 日，根据中柬两国签署《关于实施吴哥古迹王宫遗址修复项目的立项换文》约定，中国政府同意承担援助柬埔寨吴哥古迹王宫遗址修复项目。2018 年 6 月，中柬两国政府签署《援助柬埔寨吴哥古迹王宫遗址修复项目实施协议》，2019 年 6 月签署正式施工合同。2019 年 11 月 1 日项目正式开工，中国文化遗产研究院工作队开展前期工作，遵循"考古先行"的原则，对西北塔门进行脚手架支护，并在西北塔门周边开展考古工作。

王宫遗址空中宫殿

王宫遗址航拍图

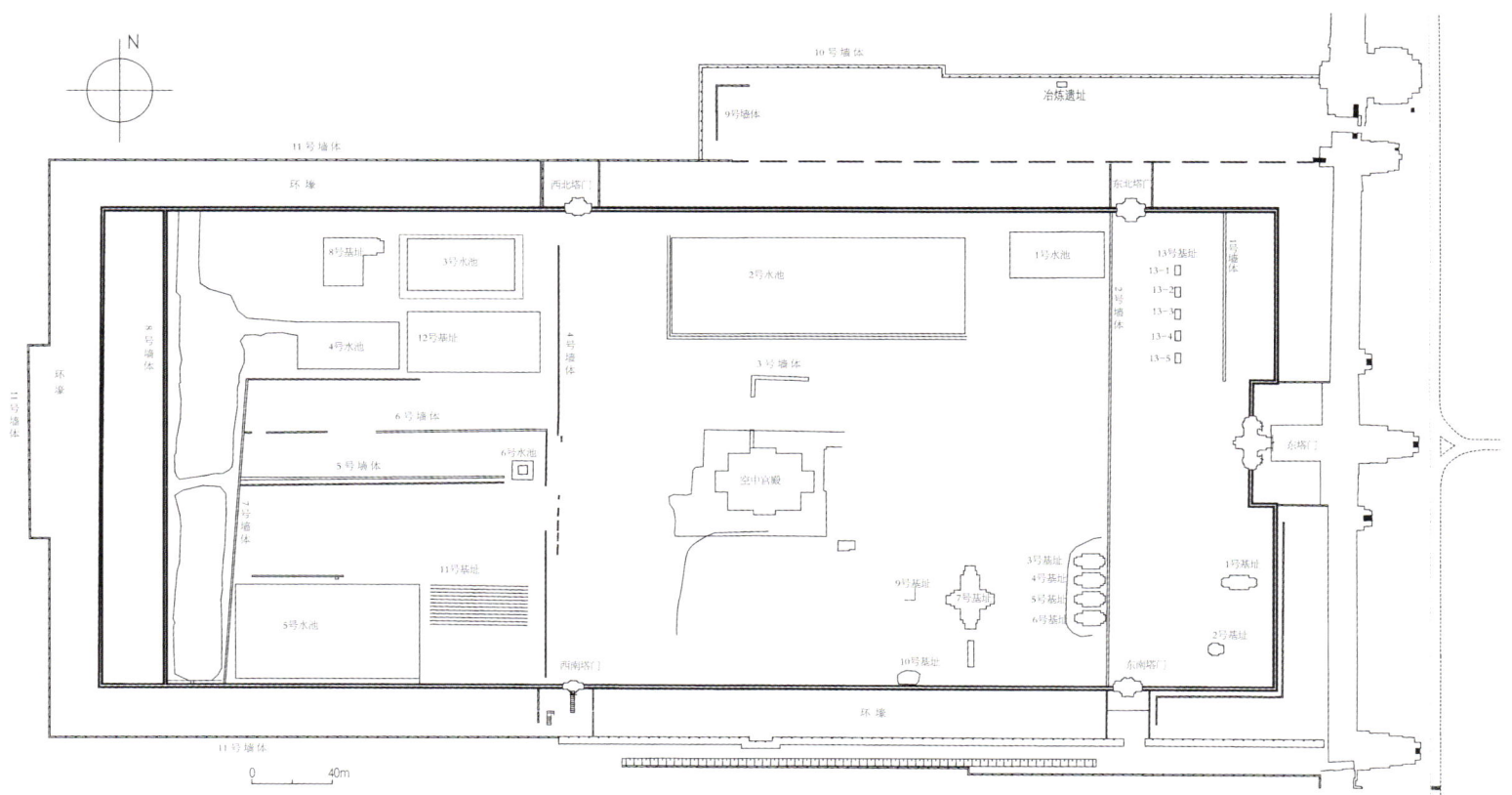

王宫遗址平面示意图

王宫遗址东塔门

王宫遗址西南塔门

王宫遗址修复项目为期 11 年，内容包括文物建筑保护修复、考古发掘与研究、展示中心建设、石刻保护及实验室建设、环境整治等内容，系统涵盖历史古迹保护修复、联合考古研究及石刻保护与展示利用等方面，将王宫遗址打造成一座考古公园。

目前工作队共布设 7 个探方，发掘面积 500 平方米。考古发现的建筑遗迹包括柱洞、排水涵洞、排水渠、各类石构件及大量建筑陶器构件、生活陶器等遗物。这些建筑遗存的发现，为研究王宫遗址内水道系统提供了依据，同时也为还原建筑历史原貌提供了基础材料。

王宫遗址花园水池石刻

针对王宫遗址极为复杂的遗产构成，工作队采取集合考古、建筑、景观、规划、岩土、地质、植物等多学科交叉的方法，统筹协调王宫遗址保护修复工程与考古、历史研究工作，考古先行、研究支撑，考古发掘及其相关研究成果为保护修复措施与做法提供依据。

同时，结合王宫遗址各遗产要素本体保存状况及实际条件，确定遗址保护修复工作基本思路，即使用传统工艺及材料对遗址开展全面的最小干预修复，排除安全险情，局部使用先进技术进行关键难点修复，整体保存王宫遗址的考古信息与建构筑物特征及石刻艺术价值；遗址修复过程对社会开放，坚持保护修复与展示利用相结合，突出王宫遗址整体平面布局的展示与阐释，以不伤及文物本体的方式对文物进行展示。

王宫遗址花园水池石刻

N

0   100   200m

乌兹别克斯坦花剌子模州历史文化遗迹修复项目范围

二、乌兹别克斯坦花剌子模州历史文化遗迹修复

2013 年 9 月，中国国家主席习近平与乌兹别克斯坦总统卡里莫夫共同签署《中乌关于进一步发展和深化战略伙伴关系的联合宣言》和《中乌友好合作条约》。为了深化落实"一带一路"倡议和中乌双方宣言，加强与乌兹别克斯坦在文化遗产保护领域的交流与合作，2014 年 4 月，中国文化遗产研究院组织多名专业人员组成考察组，赴乌开展项目可行性考察。2015 年 4 月 8 日，中乌两国签定项目实施换文，中国政府同意在乌兹别克斯坦展开花剌子模州历史文化遗迹修复保护项目，主要内容包括对阿米尔·图拉经学院和哈桑·穆拉德库什别吉清真寺进行修复，并对区域小环境进行整治。

花剌子模州希瓦古城是丝绸之路上通往伊朗沙漠的最后一个驿站，见证了东西方文化交流与融合盛景，其内城伊钦·卡拉城是伊斯兰古城的典范。古城内遍布的宫殿、经学院和清真寺，具有重要的历史、文化和艺术价值，1990 年被列入《世界遗产名录》。由于历史原因，部分古建筑不同程度受损，险情较为严重。

2016 年 3 ~ 4 月，中国文化遗产研究院组织专业考察组赴现场进行细致的勘察与研究，编制勘察设计文本，实现了大比例高精度测图和倾斜摄影三维建模，作为科学研究建筑本体病害、制定保护修复方案的重要依据。

2017 年 3 月 24 日，中乌两国签定项目实施协议。2017 年 4 月 13 日项目正式开工。2018 年完成经学院及清真寺整体修缮。2019 年完成环境整治，并于 12 月 25 日通过中国商务部组织验收。

2020 年 3 月 12 日，乌兹别克斯坦总统沙夫卡特·米尔济约耶夫到希瓦古城视察了遗迹修复项目，高度评价了中方修复工作。希瓦市长朱玛尼亚佐夫认为希瓦古城开展的保护修复项目为当地旅游发展注入新的活力，表示希望以现有合作为开端，开启中乌文物保护工作交流与合作的新纪元。

2021 年 11 月 8 日，修复后的阿米尔·图拉经学院与哈桑·穆拉德库清真寺正式移交乌方。

阿米尔·图拉经学院建筑保护完成效果图

哈桑·穆拉德库什别吉清真寺建筑保护完成效果图

阿米尔·图拉经学院修复前

图 1-5 阿米尔·图拉经学院修复后

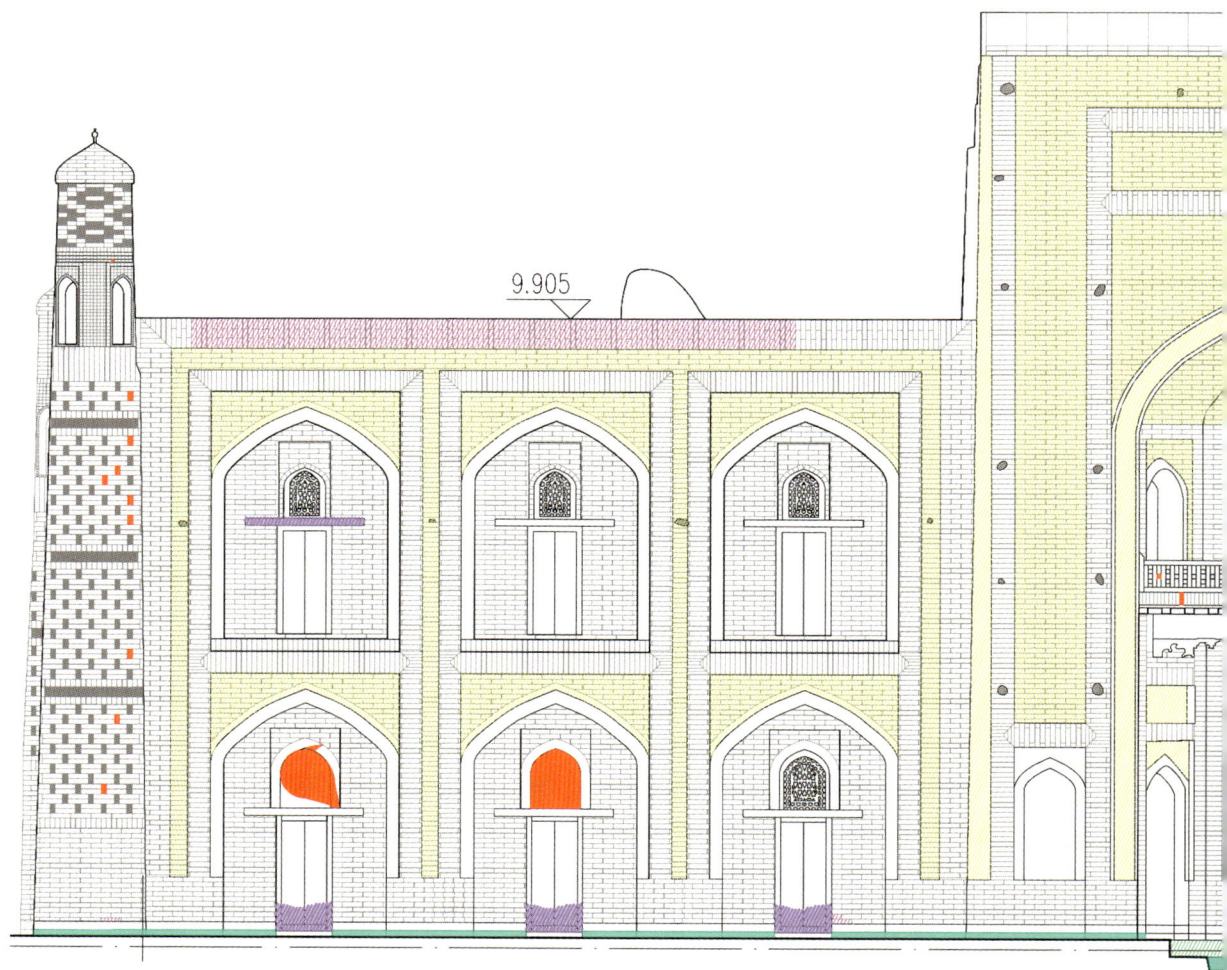

9.905

图例
LEGEND

■	构件缺失
▨	砖酥碱、风化、碎裂
□	瓷砖未贴
□	灰缝灰浆流失
■	现代水泥修补
■	木构干裂、糟朽
■	铁件锈蚀

阿米尔·图拉经学院西立面残损病害示意图

阿米尔·图拉经学院西立面正射影像图

　　阿米尔·图拉经学院位于伊钦·卡拉内城北部,建筑面积 3000 平方米,占地面积 2730 平方米,是 17 ～ 19 世纪希瓦汗国时期伊斯兰宗教建筑的典范,是乌兹别克斯坦民族历史的见证。抢险加固修缮工程以确保结构安全为主要目的,包括地基与基础加固、木腰线及下卧条石维修、墙体维修、地面、楼梯、屋面维修、装饰维修、散水及地面铺设等。

　　哈桑·穆拉德库什别吉清真寺建造于 18 世纪晚期,由夏季独柱礼拜堂、冬季双柱礼拜堂、宣礼塔等组成,建筑面积 188 平方米,占地面积 300 平方米,格局较完整,是古城内小清真寺的典型遗存。保护修缮工程主要包括地基与基础加固、木腰线及下卧条石维修、墙体维修、地面、楼梯、屋面维修、装饰维修、散水及地面铺设等。中国工作队对经学院建筑倾斜进行精确测量,持续监测建筑变形,为后期选择加固方法与加固位置、实施最少干预的保护措施提供数据支撑。

　　在阿米尔·图拉经学院和哈桑·穆拉德库什别吉清真寺之间场地环境整治工程,共需整治面积 7600 平方米,包括道路及环境整治,场地平整、基础设施管线铺设、基础垫层、道路面层石材铺装、小广场地面铺装及绿化等工作。

　　在维修过程中,中国工作队对建筑重点部位及关键倾斜部位实施了必要的加固修复,及时排除了两栋文物建筑的安全隐患,科学地解决了建筑基础不均匀沉降、地下水渗透对墙体产生的危害以及建筑墙面开裂、剥落等一系列文物建筑病害问题。工作队尽可能使用当地传统材料和工艺,遵循可识别原则,对建筑进行修补、修复,确保建筑现存形制真实完整、结构安全稳定、各类残损及安全隐患消除,使建筑历史信息得到最大保存,彰显历史建筑的价值。

修复前的哈桑·穆拉德库什别吉清真寺

中国文化遗产研究院专业技术人员现场指导施工

项目施工现场

项目施工现场

项目施工现场

项目施工现场

项目施工现场

　　通过实施文物建筑的展示、古城民居的整治、南北主干道的改造、北门及城墙的整饬以及城镇广场的景观塑造等措施，整体提升了北门环境质量，使北门成为希瓦古城新开放的主要出入口，优化了古城游览路线，也促进了北门区域的经济发展。

环境整治前的北门区域

环境整治后的北门区域

三、蒙古国科伦巴尔古塔保护修复

　　科伦巴尔古塔位于蒙古国东方省查干敖包县，原址为 10 ～ 11 世纪契丹时期佛教建筑。1955 年蒙古国曾对科伦巴尔古塔一带进行集中发掘，发现 4 座寺庙遗址、10 座古塔遗迹等，并发现了围墙遗迹，推测为辽代契丹国的科伦巴尔古城遗址。科伦巴尔古塔为七层八边形砖木结构空心古代砖塔，高度约 16.4 米，其建筑结构和造型与中国现存辽金时期古塔相似。

　　科伦巴尔古塔维修前残损较为严重，塔体结构损坏，二层入口及其下一层墙体塌落，二至三层东部墙体开裂，外墙砖不同程度脱落，表面风化酥碱，外层抹灰普遍剥落；各层木楼板全部缺失，木梁大部分缺失，木构件糟朽。

　　2014 年 6 月 10 日，中国国家文物局与蒙古国文化体育旅游部签署《中华人民共和国国家文物局与蒙古国文化体育旅游部关于合作保护科伦巴尔古塔的备忘录》。

维修前的科伦巴尔古塔

维修后的科伦巴尔古塔

2014 年 7 ~ 8 月，中国文化遗产研究院组织技术人员赴科伦巴尔古塔现场进行勘察，开展了三维激光扫描、古塔稳定性结构验算、砌筑材料检测分析等工作，对塔基、塔体结构、建造材料进行全面、系统调查与研究，编制了维修设计方案。

2015 年 9 ~ 10 月、2016 年 5 ~ 7 月分两个阶段实施科伦巴尔古塔本体加固维修工程，并改善周围环境。2016 年 8 月，修复项目通过了蒙古国文化遗产中心的竣工验收。2016 年 11 月 2 日，在项目现场举行了科伦巴尔古塔保护工程竣工典礼暨项目移交仪式。

科伦巴尔古塔维修工程在项目勘察设计施工一体化、中蒙遗产保护合作交流等方面开展有益尝试，为今后双方在文化遗产保护领域继续合作奠定了坚实的基础。

塔内残存的木梁架

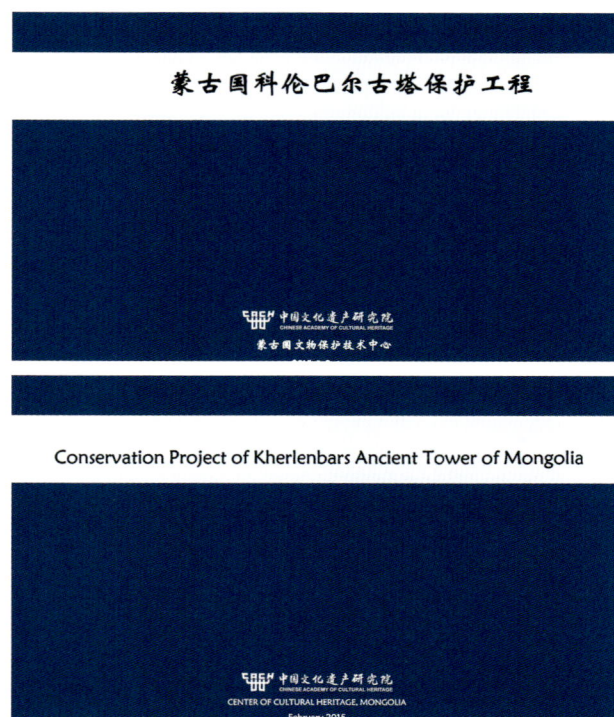
科伦巴尔古塔保护工程设计方案（中、英文版）

中国文化遗产研究院专业技术人员现场三维激光扫描作业

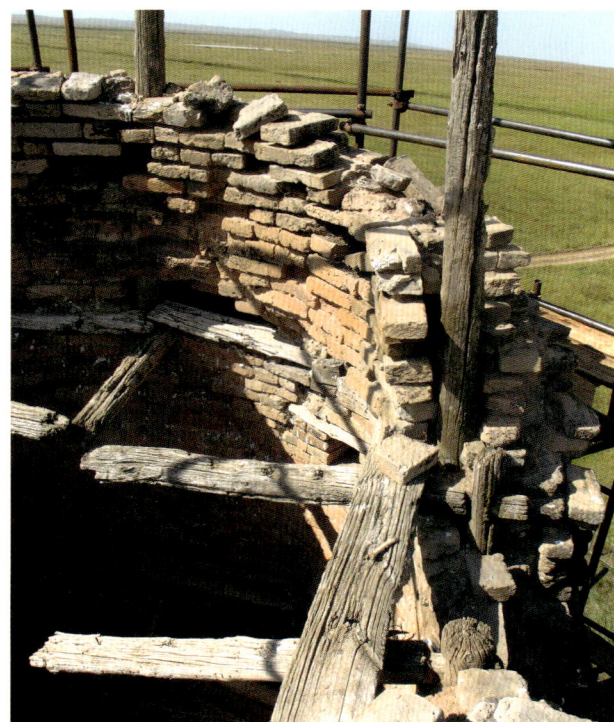
古塔顶层残存的木梁与木柱

尼泊尔加德满都杜巴广场九层神庙

四、尼泊尔加德满都 杜巴广场九层神庙修复

九层神庙及附属建筑位于尼泊尔加德满都杜巴广场核心区内，是尼泊尔世界文化遗产加德满都谷地的重要组成部分。九层神庙建筑群占地面积约 1300 平方米，建筑面积约 5600 平方米，建于 17 ～ 18 世纪，其"回"字形平面格局和平顶密椽基本结构与西藏地区的早期建筑近似，建筑雕刻精美，满布各式印度教神像，是具有纽瓦丽传统建筑风格的宫殿建筑群，艺术价值和宗教价值较为突出。

2015 年 4 月 25 日，尼泊尔发生 8.1 级地震。5 月 12 日，又发生 7.5 级最大余震。九层神庙建筑群受损严重，局部建筑完全倒塌，塔身闪歪，墙体变形开裂，超过万余件木构件散落损坏，同时还出现基础沉降、排水不畅等问题。

2015 年 10 月，受中国商务部委托，经国家文物局批准，中国文化遗产研究院组织工作队，赴尼泊尔进行震后现场考察和项目可行性研究工作，编制完成《中国政府援尼泊尔加德满都杜巴广场九层神庙修复项目可行性研究报告》和《中国政府援尼泊尔加德满都杜巴广场九层神庙修复项目立项建议书》。

2017 年 5 月～ 8 月，工作队完成《援尼泊尔加德满都杜巴广场九层神庙修复项目深化设计方案》，确定了前期抢险支护、坍塌部位复原、老旧构件利用、结构薄弱部位补强等工作重点。

2017 年 8 月，尼泊尔加德满都杜巴广场九层神庙修复项目正式开工。时任国务院副总理汪洋出席项目开工仪式并揭牌。

2020 年 2 月 8 日，尼泊尔总统班达里视察修复现场，对项目给予高度评价："九层神庙修复项目将尼泊尔古老宗教艺术与中国现代修复技术相结合，对文物采取保护性的修缮，值得学习。"2021 年 12 月 22 日，尼泊尔考古局发来感谢信，对中方工作团队在疫情期间不间断地对文物建筑进行定期检查和维护表示感谢。

2022 年 12 月 25 日，九层神庙修复项目文物建筑本体保护修缮工程通过验收。

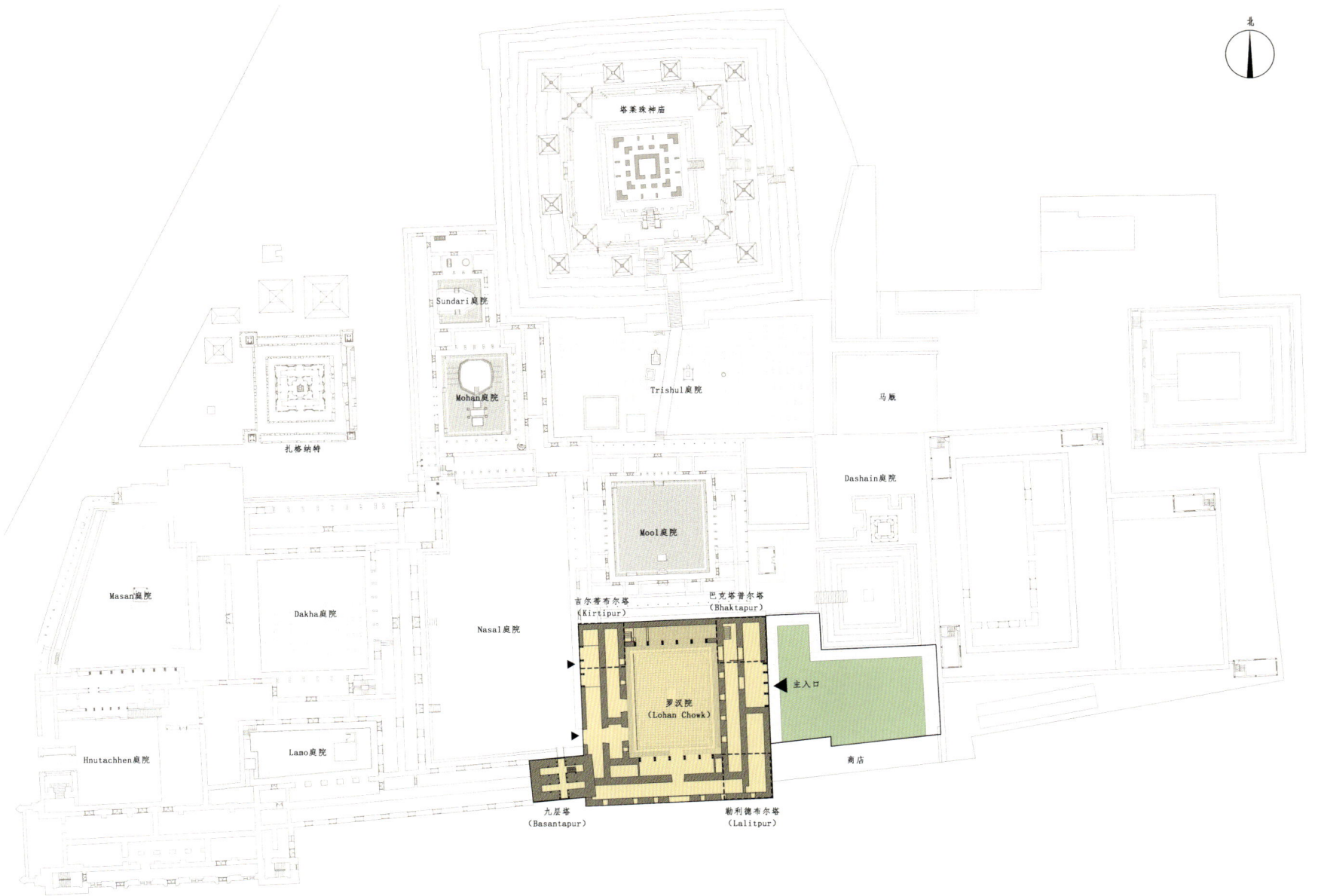

九层神庙建筑在加德满都杜巴广场的位置示意图

九层神庙修复现场

震后的九层神庙建筑群（南立面）

维修后的九层神庙建筑群（南立面）

坍塌的九层神庙屋顶与复原方案叠加图

维修后的九层神庙屋顶

九层神庙建筑群罗汉院南立面

为确保文物原真性，工作队坚持按照"原形制、原材料、原工艺、原结构"的思路，大量聘用尼泊尔传统工匠，采取当地传统工艺和做法，最大限度地保存利用原有构件和当地木、砖、瓦等传统材料，对震损部位进行修复老旧构件利用率达 85%。

通过对结构薄弱、歪闪严重的墙体部位进行逐层分段拆砌，工作队对墙内原有木结构拉结部位进行补强；采用金属绳索实现可逆性软连接，对薄弱节点进行加固，实现整体结构补强。这种"整体补强 + 软性连接"的震后保护措施遵循对文物最小干预和可逆的原则，符合中尼双方相关保护规范、要求，所采用的"一种传统木结构建筑结构节点补强的软连接方法"也在中国获得了实用新型专利授权。

尼泊尔工匠雕刻木构件

尼泊尔工匠修复九层神庙檐柱

尼泊尔工匠雕刻斜撑上的神像

修复后的神庙花窗

尼泊尔工匠正在修补九层神庙北侧的木刻

妙乌古城遗址现状

2018 年中国与意大利专家在妙乌古城开展现场调研

五、缅甸妙乌古城申遗合作

2016 年，经联合国教科文组织推荐，缅甸宗教事务与文化部考古司邀请中国东南大学团队协助开展妙乌古城申遗研究工作。

妙乌古城是缅甸若开邦历史文化名城，曾是阿拉干王国的都城，也是海上丝绸之路在孟加拉湾的重要遗址点。

2016 ~ 2020 年，东南大学承担妙乌古城保护与发展规划研究编制，并与意大利团队合作申遗管理规划研究编制、与缅甸团队合作开展数据库建设等方面的工作。研究人员利用无人机、激光雷达、3D 激光扫描仪等，对古城遗址开展全面测绘与分析，共测绘了 112 座佛塔及 1 座宫城遗址，建立了完整的妙乌历史都城影像、测绘等数字化档案，与联合国教科文组织合作编制了东南亚古代建筑测绘工作手册。

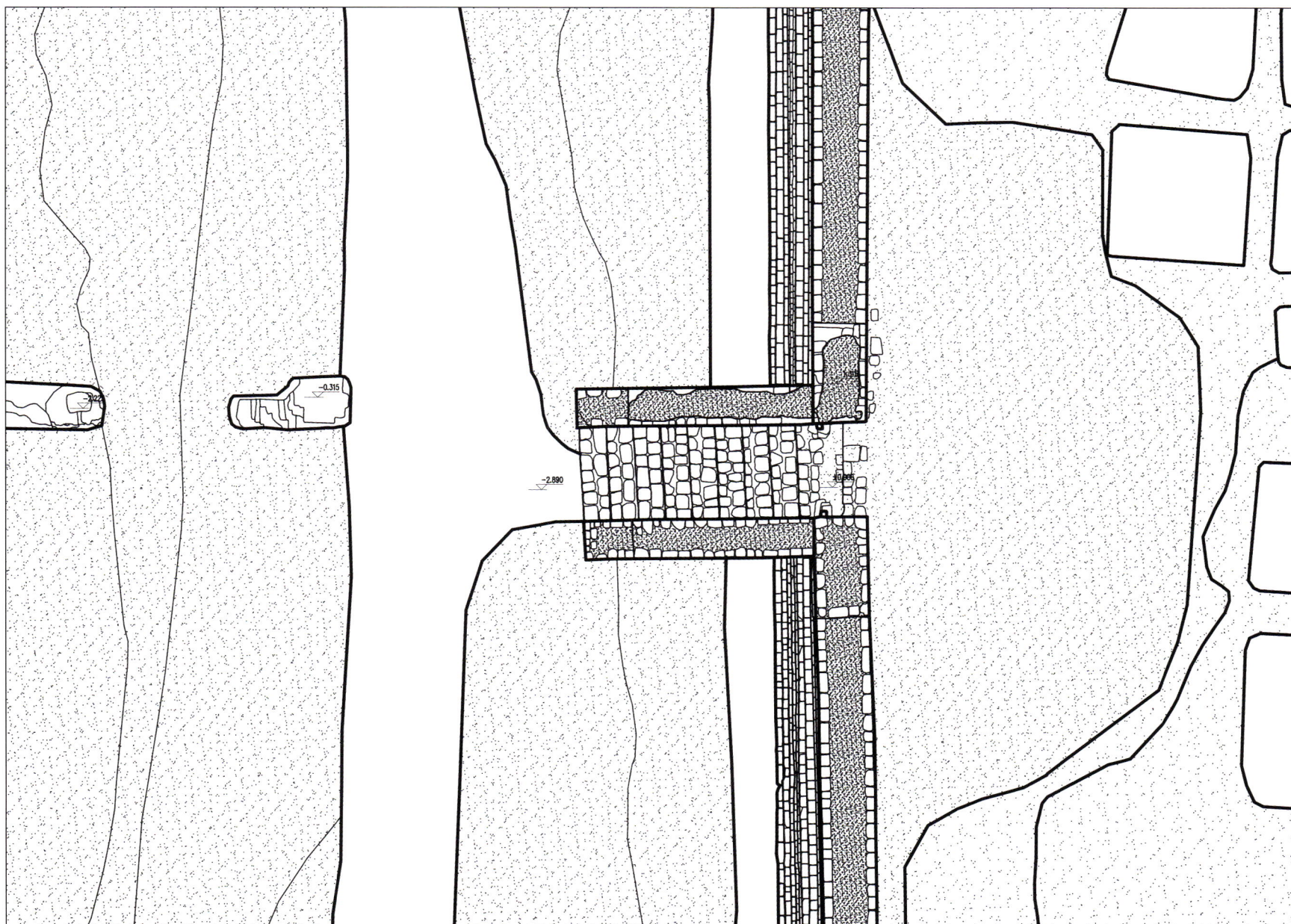

妙乌古城北门遗址平面测绘图

柏威夏寺航拍图

六、柬埔寨柏威夏寺调查与修复

柏威夏寺位于柬埔寨西北与泰国接壤地区，系 9 世纪高棉帝国君主耶输跋摩下令建造的，体现了吴哥王朝时期独特的建筑艺术风格，同时建筑充分融合了自然景观与宗教功能，寺内精致的石雕更是高棉文明的瑰宝。2008 年 7 月，联合国教科文组织将其列入《世界遗产名录》。

柏威夏寺遗址分布在南北长 900 米、东西宽 400 米的山顶台地之上。寺院坐南朝北，纵向线形分布，主体建筑为中央圣殿，中轴线两侧则对称分布有回廊、藏经阁、净身殿等附属建筑。多年的战乱使柏威夏寺文物遭受了破坏，古建筑年久失修残损严重。2014 年，柏威夏寺国际保护协调委员会成立并召开首次会议，中国与印度担任联席主席国，日本、法国、美国、比利时、德国等国相关机构先后参与了柏威夏寺的保护和研究。

2017 年 9 月，中国文化遗产研究院组织工作组赴柏威夏寺调研，完成了《援柬埔寨柏威夏寺中国主席国前期工作项目报告》。

中央圣殿一号塔门

柏威夏寺航拍图

工作队对柏威夏寺建筑进行调研测绘，重点对中央圣殿塌毁部分进行测绘分析，绘制平面图及立面图；通过无人机三维激光扫描等技术初步绘制了区域地形图、全景图、建筑平立剖面图；应用地质雷达进行岩块检测、地基承载力与稳定性评估，完成建筑结构评估及分析。工作队还对石质文物病害进行了现场调研，重点围绕柏威夏寺1、2、3号塔门及核心建筑开展工作，完成了《柏威夏寺国际保护中国主席国履职工作报告》的编制。

一号塔门回廊内部

一号塔门回廊外部

一号塔门航拍图

柏威夏寺第五号塔门

柏威夏寺现场测绘

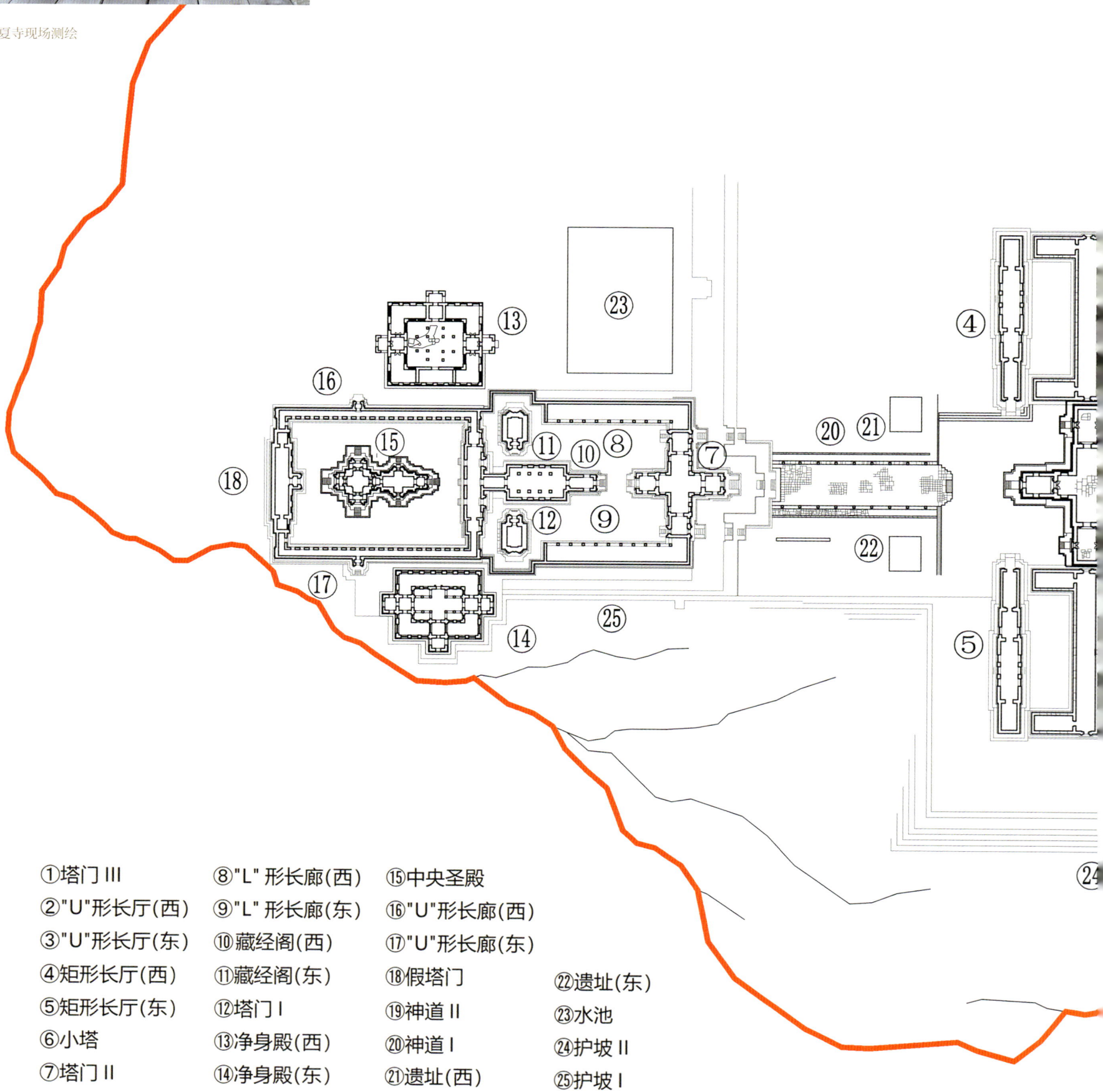

①塔门 III
②"U"形长厅（西）
③"U"形长厅（东）
④矩形长厅（西）
⑤矩形长厅（东）
⑥小塔
⑦塔门 II

⑧"L"形长廊（西）
⑨"L"形长廊（东）
⑩藏经阁（西）
⑪藏经阁（东）
⑫塔门 I
⑬净身殿（西）
⑭净身殿（东）

⑮中央圣殿
⑯"U"形长廊（西）
⑰"U"形长廊（东）
⑱假塔门
⑲神道 II
⑳神道 I
㉑遗址（西）

㉒遗址（东）
㉓水池
㉔护坡 II
㉕护坡 I

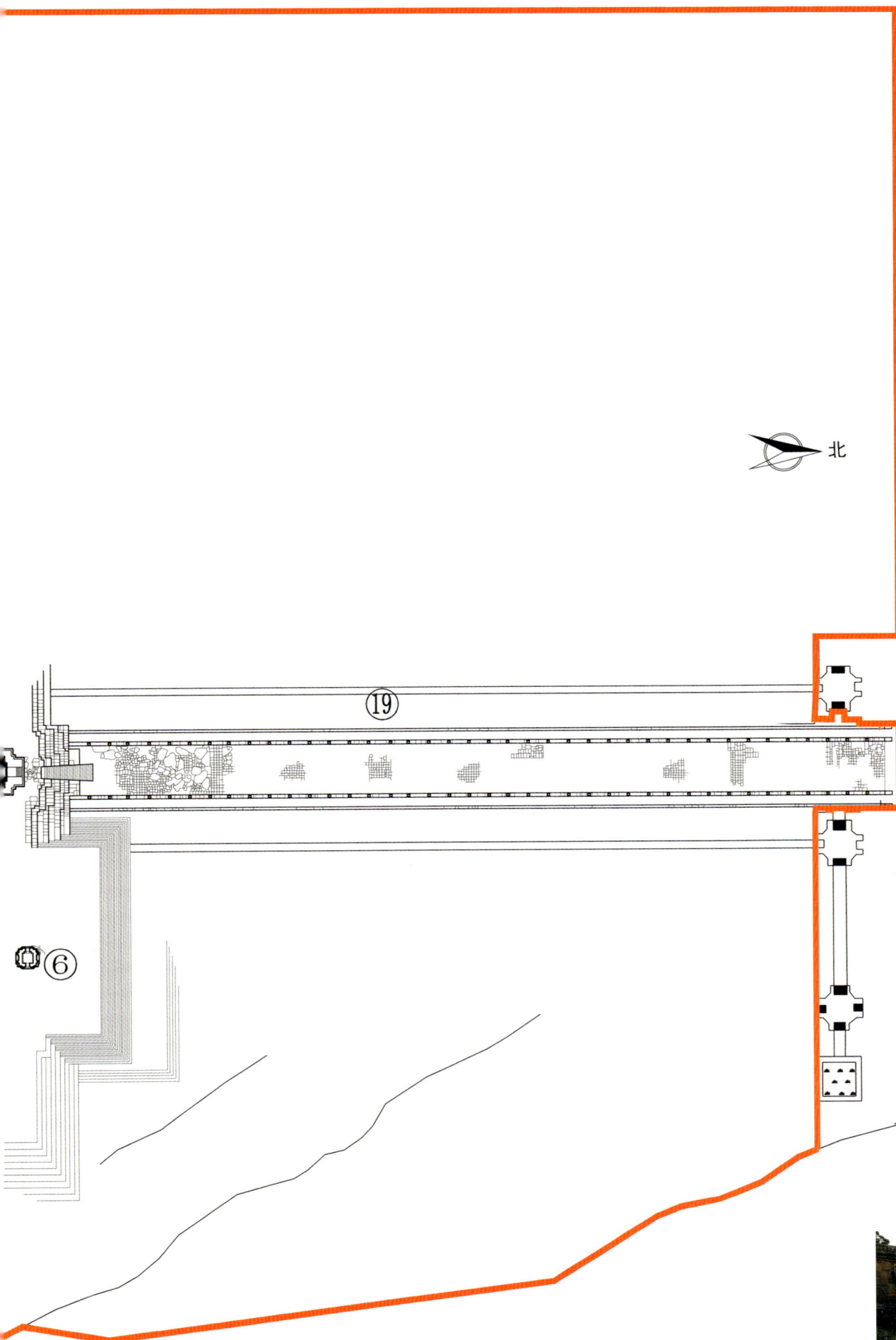

柏威夏寺现场测绘

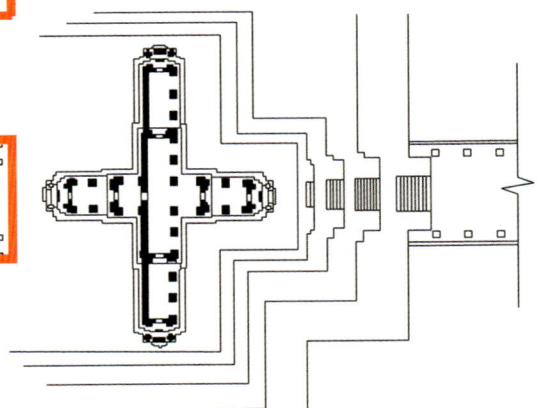

北

⑲

⑥

柏威夏寺现场勘察

七、缅甸蒲甘他冰瑜寺保护修复

蒲甘古城位于缅甸中部，现存佛塔寺院达 2000 多座，被誉为"万塔之城"，是亚洲三大佛教遗迹之一。以他冰瑜塔为代表的蒲甘佛塔，见证了佛教在缅甸的传播、蒲甘王朝的兴衰，是缅甸古老建筑艺术的缩影，具有较高历史、宗教、文化、建筑、艺术价值，2019 年被列入《世界遗产名录》。

他冰瑜寺位于蒲甘古城东南部，系阿隆悉都王于 1144 年兴建，建筑总高 76 米，宽 62 米，塔体为红砖砌筑高台式建筑，外立面灰塑造型装饰繁复，是蒲甘最高的佛塔，在蒲甘社会民众心目中享有很高的宗教地位。

2016 年 8 月 24 日，当地发生里氏 6.8 级地震，蒲甘地区 425 座佛塔遭受不同程度的破坏，他冰瑜寺遭到严重损坏，部分结构失效。

地震发生后，中国国务院总理李克强向缅甸国务资政昂山素季发去慰问电，表示中方愿为蒲甘等地古迹修复提供帮助和支持。2016 年 9 月中国国家文物局组成联合专家组，对蒲甘受损严重的 21 座佛塔进行了勘察和专业评估，并确定将他冰瑜寺作为首个修复对象。

2017 年 5 月 16 日，"一带一路"国际合作高峰论坛期间，中国国家文物局与缅甸宗教事务与文化部签署了《中华人民共和国国家文物局和缅甸联邦共和国宗教事务与文化部关于开展缅甸蒲甘古迹震后修复保护合作的谅解备忘录》。2018 年 9 月 22 日，中缅双方政府正式签署援缅他冰瑜寺维修项目立项换文。

他冰瑜寺全景航拍图（西南角）

　　2019 年 3 ～ 8 月，中国工作组赴蒲甘古城现场开展应急抢险加固方案编制、考古调查、壁画现场踏勘、应急抢险加固工程等工作，编制完成修复项目专业考察报告、工程勘察报告、应急抢险加固设计方案等文件。此次根据设计方案紧急实施的加固工程，严格按照文物保护技术规范实施，并充分考虑了蒲甘当地的传统，实施后达到了预期效果，得到缅甸蒲甘文物管理部门充分肯定。

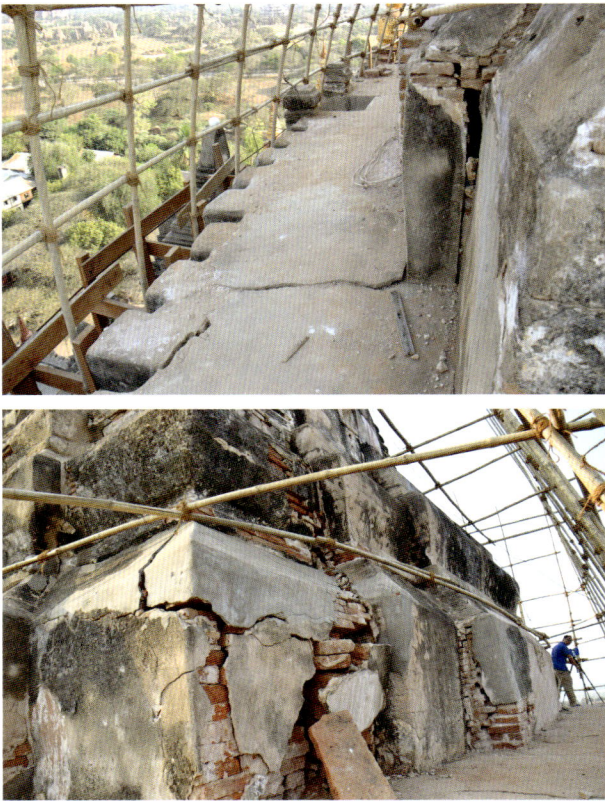

他冰瑜寺塔台地面开裂、墙体开裂、松散

他冰瑜寺应急抢险加固现场支护（外部）

　　2020 年 3 月 3 日，经中国商务部国际经济合作事务局确定，由陕西省文物保护研究院和陕西省文物保护工程有限公司组成联合体负责该项目实施。

　　2022 年 1 月 8 日，举行他冰瑜佛塔修复项目启动仪式。2022 年 8 月启动配套设施工程中"临时办公场所及材料堆放场地"建设。2022 年 12 月修复项目正式开工。

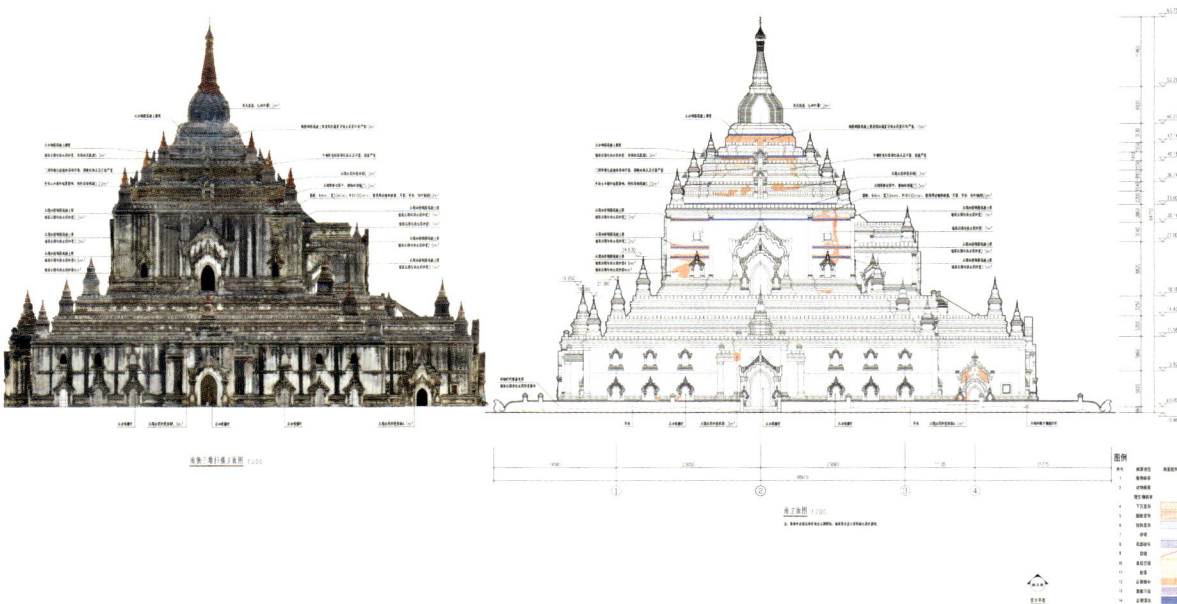

他冰瑜寺测绘图（南立面）

　　2023 年，工作组开展考古发掘、壁画保护、文物保护基地建设工程等多项工作，主要包括：对他冰瑜寺及周边考古勘探工作区域进行了航拍、测绘，对他冰瑜寺进行测绘，对出土遗物进行登记、整理和分类研究等；开展价值评估研究工作，对壁画施工工艺、颜料原石进行调查研究并收录整理相关资料，对他冰瑜佛塔壁画进行超声、探地雷达、含水率等仪器现场测试；对他冰瑜佛塔和伽呦咋塔进行外墙污染物清洗试验；开展壁画信息提取及环境监测、变形观测设备安装工作；完成配套设施工程中"文物保护基地"建设，并已完成主体结构工程。2023 年 7 月《援缅甸蒲甘他冰瑜寺修复项目——文物本体修缮工程设计方案》先后通过国际专家评审、缅甸宗教和文化部审批，为下一步文物本体保护修缮工作的开展打下坚实基础。

文物保护基地施工质量检查

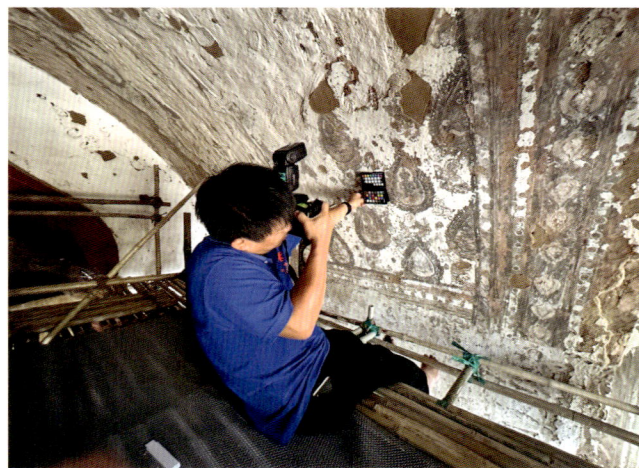

壁画现场勘察

出土文物整理

临时办公场所及材料堆放场地建设完成后现场效果

　　2019 年 8 月，时任缅甸总统温敏及夫人前往项目现场慰问，充分肯定中国文物保护团队为该项目所做的努力和富有成效的工作。

八、尼泊尔努瓦科特杜巴广场王宫建筑群修复

　　努瓦科特王宫建筑群地处尼泊尔巴格马蒂地区努瓦科特县比德尔自治市努瓦科特杜巴广场古迹区。王宫建筑群建在近西南—东北走向的带状丘陵上，主体建于 18 世纪，是尼泊尔马拉风格建筑的典型代表。努瓦科特王宫建筑群处于加德满都山谷通往西藏的古老贸易路线上，具有重要的宗教祭祀与军事防御功能，2008 年被列入《世界遗产预备名录》。

　　努瓦科特杜巴广场王宫建筑群自北至南分为三组，分别位于北、中、南院落，主要包括七层王宫、塔莱珠女神庙、营房、兰加殿、驿站、柏拉维女神庙周边附属传统建筑以及两栋小型寺庙等 7 栋历史建筑及文物建筑周边环境。建筑面积 4984 平方米，周边环境总面积约为 11000 平方米。2015 年尼泊尔地震中遭受了严重破坏，建筑群受损严重。

2017 年，中国文化遗产研究院派遣工作队赴尼泊尔努瓦科特进行现场考察，形成《援尼泊尔努瓦科特杜巴广场王宫建筑群修复项目可行性研究报告》与《援尼泊尔努瓦科特杜巴广场王宫建筑群修复项目立项建议书》。根据中华人民共和国政府和尼泊尔政府 2018 年 6 月 21 日换文规定，中国政府同意承担援尼泊尔努瓦科特杜巴广场王宫建筑群修复项目。中国文化遗产研究院受托承担援尼泊尔努瓦科特杜巴广场王宫建筑群修复一期项目总承包任务，全面开展震后保护修复工作。

2019 年，中国文化遗产研究院在尼泊尔努瓦科特王宫建筑群现场开展了抢险支护工作，排除因地震及后期余震造成的险情。

2022 年 9～12 月，工作队开展专业考察及现场勘察工作，实施了建筑病害残损勘察、室内全景拍照及环境地形图测绘、三维激光扫描、结构体系探查及山体物探槽探等综合勘察测绘工作，形成《援尼泊尔努瓦科特杜巴广场王宫建筑群修复项目专业考察报告》、文物建筑三维点云模型、室内全景等勘察成果。同时，工作队对 1～2 号楼基础、周边地层及边坡位置岩土进行了勘察。通过现场勘察，对每层楼建筑墙体、木装修、屋顶、承重木梁枋等残损程度以及残损范围进行病害勘察，并测量建筑倾斜、沉降、挠度、开裂、扭曲变形的病害程度，分析病害原因，综合评估建筑结构稳定性。工作队定制研发了"努瓦科特杜巴广场王宫建筑信息管理系统"，将测绘、病害勘察的数据录入系统，对文物建筑构件信息进行了全面的数字化记录、统计、查询及展示。

通过开展全面、详细勘察工作，工作队获取了大量测绘和检测数据，对努瓦科特文物建筑进行了全面、有效的数字化记录，为后续实施工作的推进提供了基础数据和技术支撑。

努瓦科特杜巴广场王宫建筑群倾斜模型

努瓦科特七层王宫正射影像（东立面）

努瓦科特女神庙正射影像（东立面）

震后的努瓦科特杜巴广场王宫建筑群损毁状况

努瓦科特七层王宫排险支护

塔莱珠女神庙排险支护

项目组在现场开展三维激光扫描

项目组在现场开展地震震动性测试

项目组在现场开展物探工作

九、吉尔吉斯斯坦纳伦州古代城堡遗址研究和保护

纳伦州古代城堡遗址位于吉尔吉斯斯坦纳伦州戈奇戈尔区库姆·多波镇。项目依托中国敦煌研究院文物保护技术优势，在全面调查研究的基础上，实施该古代城堡遗址的文物保护、数字化保护、遗产预防性保护和遗址展示等项目。

2017 年，敦煌研究院专家组先后实地踏勘了吉尔吉斯斯坦境内 10 余处有代表性的古代文化遗址，考察了 2014 年列入世界文化遗产"丝绸之路：长安—天山廊道路网"的红沟古城遗址、碎叶城遗址等多处文化遗产地。9 月 6 日，中国敦煌研究院与吉尔吉斯斯坦文化信息旅游部历史文化遗迹保护调查局签署了合作备忘录，今后 5 年将联合开展考古调查与发掘、科学保护、数字化与展陈以及文化遗产领域学术交流和青年高层次专业人才培养等工作。

库姆·多波镇古城

塔什—拉巴特石城堡

考察世界文化遗产碎叶城遗址

考察世界文化遗产红沟遗址

阔克一塔什（蓝石）遗址 考察

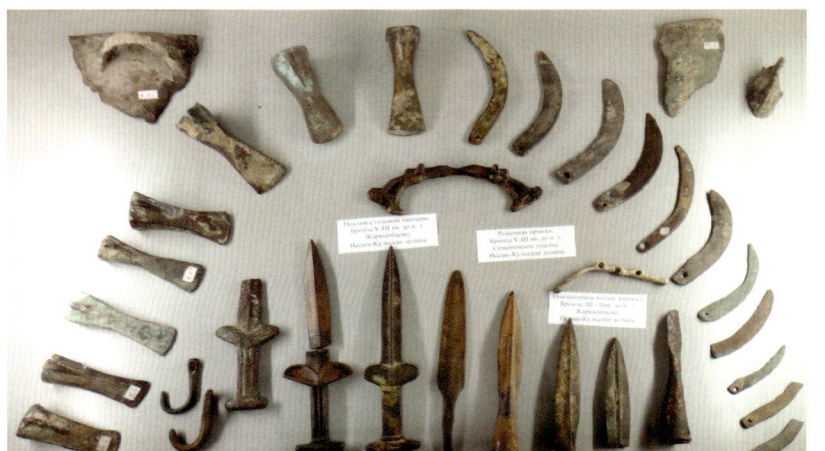

布拉纳遗址区陈列馆文物

十、塞尔维亚巴契及周边地区的文化景观申遗

为践行《中国—中东欧合作里加纲要》精神，落实中国—中东欧文化遗产论坛成果，中国文化遗产研究院与塞尔维亚伏伊伏丁那省文化遗产研究院于 2018 年签署合作框架协议，双方围绕"巴契及周边地区的文化景观"申报世界遗产开展合作研究。

巴契及周边地区历史上经历过频繁的人口迁徙与政权更迭，赋予了巴契独特的文化韧性，形成了动态发展和多元包容的文化格局。该地区生活的人民通过持续适应和改造多瑙河、莫斯通加河的水网体系，将巴契营造成为宜居的重要区域交通节点。堡垒、修道院、村镇、耕地、森林以及河湖湿地，共同构成了巴契独特的文化景观。

2018~2019 年，中国文化遗产研究院与塞方团队合作，以资料整理和实地调研为基础，开展了价值研究和对比分析研究，梳理了遗产价值、要素构成、遗产区划，并对遗产保护管理状况进行了评估。此外，塞方团队也应邀调研了中国的世界文化遗产保护研究工作，并与中国的遗产工作者进行了深入交流。目前，塞尔维亚已将中塞合作编制的"巴契及周边地区的文化景观"申报材料正式递交联合国教科文组织世界遗产中心。

塞方团队参观中国文化遗产研究院实验室

项目组在巴契调研

巴契城堡

莫斯通加河道及堤岸

人才培养

第二节

基于遗产保护实践获得成熟的理念和方法、技术路线，中国与丝绸之路沿线各国开展广泛且卓有成效的人才培养国际合作，培养了数百名文物保护、展示利用、博物馆管理等方面的专业人员，以新技术、新方法带动并提升文化遗产保护管理与业务能力建设，实现教学相长、交流共享，同时有效推动了世界遗产保护管理理念、方法与技术的双向交流。

古建筑保护培训班专家与学员调查彩画纹样

一、全国文物保护职业教育教学指导委员会秘书处（中国文化遗产研究院）培训项目

中国文化遗产研究院是中国国家级文物保护科学技术研究机构，其教育培训工作始终以行业需求为导向，以专业技术培训为主体，强调多学科融合教学。2015 年中国文化遗产研究院被列为国家文物局第一批文博人才培训示范基地，并加挂全国文物保护职业教育教学指导委员会秘书处。自 2002 年以来，开展行业资质、专业技术、工程专项和国际合作等培训项目达 117 个，培训涉及文物保护修复、考古现场保护、世界遗产管理等多个专业方向，累计培养 12204 人次。

考古现场保护培训班学员马坑提取

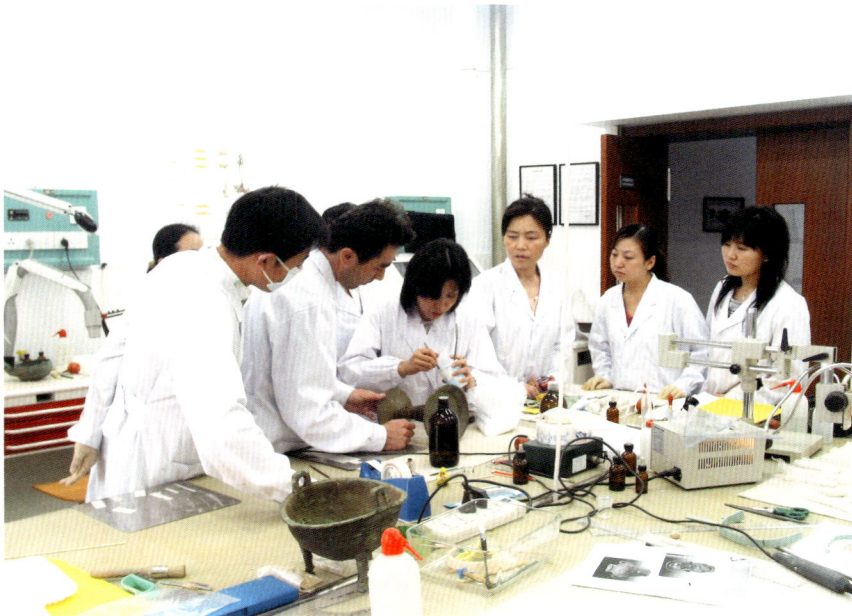

陶瓷金属文物保护修复培训班中日双方专家指导实习

壁画保护修复技术培训班学员去除壁画变形龙骨

（一）国际文化财产保护与修复研究中心文化遗产保护国际培训班

2013 年，国家文物局与国际文化财产保护与修复研究中心签署了《关于合作开展文化遗产保护国际培训的框架协议》。根据协议，中国文化遗产研究院受委托于 2014、2015、2019 年举办了博物馆藏品管理培训班，于 2016、2017、2018 年举办了世界遗产监测管理培训班，2022 年举办了世界遗产能力建设培训班。通过数年教学实践，逐步形成稳定的合作培训模式。

（1）2018 年世界遗产监测管理培训班

2018 年 10 月 8 ~ 19 日，世界遗产监测管理培训班在世界文化遗产——澳门历史城区举办，中国文化遗产研究院承担培训班招生、课程组织等相关工作。培训班历时 12 天，共招录 10 名国际学员，11 名国内学员（包括 3 名澳门学员）。

培训内容以历史城市类型世界遗产地的监测管理为主，兼及多种类型世界遗产的保护和管理。学员们实地调研澳门历史城区，就缓冲区、遗产管理等议题进行探讨，分享各自遗产地的监测经验，同时结合目前澳门历史城区已开展的各项工作，以小组作业的形式为澳门世界遗产的保护与监测建言献策。

（2）2019 年博物馆库房重整培训班

2019 年 9 月 15 ~ 27 日，博物馆库房重整培训班在山西大同云冈石窟研究院举办，共招收外籍学员 7 名，分别来自塞尔维亚、澳大利亚、苏丹、马达加斯加、塞内加尔、泰国、印度。3 名中方、5 名外籍教师联合执教，与学员们分享全球博物馆库房藏品的保存现状，同时推广"博物馆库房重整"的概念与方法。

培训课程内容丰富。其中，理论课程涉及库房重整基础理论与技巧训练、基于风险管理的馆藏文物预防性保护研究、基于绿色博物馆理念的文物库房预防性保护体系建设、博物馆藏品风险评估与防范等内容；实践课程要求学员合理分工，准确把握项目流程、制定每日工作目标和计划，绘制库房电器、藏品平面图，编写库房诊断评估表，设计优化库房空间、藏品分组方案，最终根据方案安装柜架，完成库房藏品重组、位置编号等工作。

库房重整计划表展示

学员讨论重整库房方法

2017 年世界遗产监测管理培训班国际学员探讨交流

2018 年世界遗产监测管理培训班课堂授课

2018 年世界遗产监测管理培训班在澳门历史城区现场交流

教师公开讲座

师生分布图

课堂讨论

外籍老师授课

课堂讨论

（3）世界遗产能力建设培训班

2022年1月10～14日，中国文化遗产研究院承办的"世界遗产能力建设培训班"（线上）成功举办。来自中国（含港澳台地区）以及西班牙、韩国、沙特阿拉伯、叙利亚等国文化遗产地共37名学员线上参与课程，实现"云学院"的理论实践一体化培训。

此期培训秉持理论实践一体化原则，课程包括讲座、案例研究探讨等，注重学员互动性，在为期5天的学习中，中国和国际文化财产保护与修复研究中心的7名资深专家，共同研习、讲述《世界遗产公约》及"操作指南"关于世界文化遗产保护管理的要求，学习遗产影响评估和风险管理技术方法，同时也向学员们介绍中国世界文化遗产相关经验，探讨世界文化遗产案例，解答日常工作实际问题。

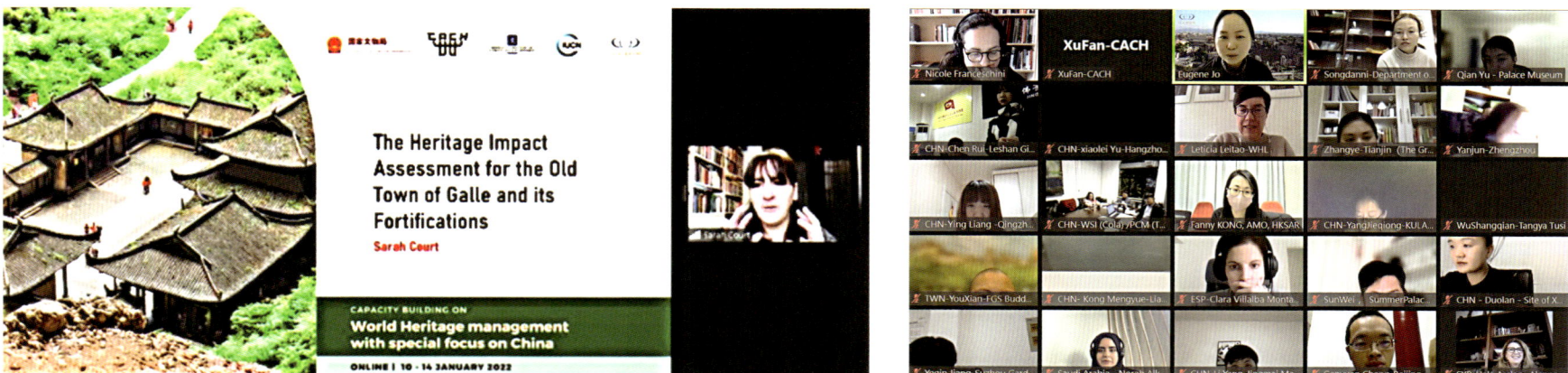

老师线上授课

学员线上交流

（二）中日合作文物防灾减灾高级研修培训班

2018 年汶川地震十周年之际，为加强中日文物防灾减灾领域的合作交流，推动中国文物预防性保护、防灾减灾理论体系和人才队伍建设，中国文化遗产研究院与日本独立行政法人国立文化财机构联合举办"文物防灾减灾高级研修培训班"，培训为期 12 天，中、日双方专家 19 名参与授课，学员24 名。

在课程设计上，聚焦中国及日本文物风险管理政策及研究现状，系统梳理中日文物防灾减灾理论体系，并以 2011 年东日本大地震为例，阐述灾害风险防控关键技术和系统解决方案。除理论教学外，中国工程院王复明院士以"高聚物注浆在地下文物防渗修复中应用"开设专题讲座，讲述应用"非水反应高聚物材料"来有效解决文物防灾减灾工作中防渗、防漏操作问题。

该培训班为中国国内首次开办的文物防灾减灾专题培训，不仅推广了文物灾害风险防治与保护最新理念，同时培养了首批文物防灾减灾高层次中青年骨干人才，并引导吸纳更多国际专家学者、从业人员联合开展文物防灾减灾学术研究。

日方教师为学员绘制结构图讲解日本历史建筑防灾技术

学员赴首都博物馆交流学习

（三）亚洲区域文化遗产保护与管理高级人才培训班

2018 年 9 月 10 ～ 21 日，中国文化遗产研究院在北京举办了亚洲区域文化遗产保护与管理高级人才培训班。本次培训采取理论研讨、案例剖析、文化遗产地现场教学等形式，培养柬埔寨、缅甸、乌兹别克斯坦、尼泊尔和蒙古国等国学员计 16 名。

课程设置旨在分享近年来中国文化遗产保护合作交流概况、中国文物保护法规建设、大遗址保护管理、中华文明起源的考古学探究、水下文物考古、世界遗产监测与评估、木结构古建筑保护理念与方法、震后古建保护案例以及石质文物修复保护研究方法与案例。在梳理总结以往国际合作交流成果的同时，为进一步深化拓展与亚洲国家文博机构的合作打下了良好基础。

乌兹别克斯坦学员介绍所在本国机构情况

尼泊尔学员参与讨论

在箭扣长城现场开展学习交流

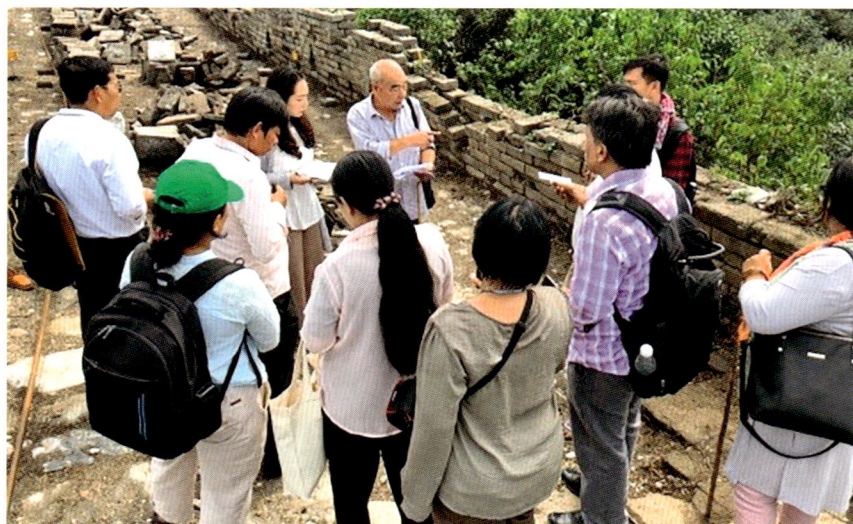

学员观摩箭扣长城修复保护工地

（四）中阿巴石质文物保护专业人员高级研修班

2021 年 5 月 11 ～ 12 日，中国、阿富汗、巴基斯坦三国签署《关于协同开展"亚洲文化遗产保护行动"的联合声明》，并举办中阿巴线上石质文物保护专业人员高级研修班。这是三国在亚洲文化遗产保护行动框架下开展的第一项务实合作。

在研修班上，中阿巴 8 位专家将国际社会公认的文物保护理念与各国文物保护管理实际相结合，分享了石质文物保护的概况、技术和经验。

此次研修班为三国遗产保护合作指明了重点方向、领域和路径，反映出以中国文化遗产研究院为代表的中国文物保护科学技术研究机构，逐步形成文化遗产价值认知、文物保护技术研发与应用、技术培训与推广有机结合的公益性科技体系，为搭建具有先进性、开放性、学术性特色与优势的国际合作平台与人才培养基地奠定基础。

二、国际文物保护修复学会培训中心（故宫博物院）培训项目

2015 年 9 月 20 日，国际文物保护修复学会与中国故宫博物院联合成立国际文物保护修复学会培训中心，旨在国际层面强化人才培养合作机制，推动文物修复保护研究及交流，致力于提升发展中及亚洲国家及地区的文化遗产保护整体水平。

从 2019 年以来，国际文物保护修复学会培训中心共实施"预防性保护科学""文物保护修复过程中的无损分析技术""纺织品修复保护""纸质文物的科学保护""陶瓷和玻璃的保护"等 5 个主题培训班，共有来自英国、美国、丹麦、意大利等国的 20 位专家参与教学，培训学员 114 人次，学员遍及埃及、墨西哥、希腊、澳大利亚、新西兰、加拿大等 36 个国家。

国际文物保护修复学会培训中心主导的国际文物保护修复培训项目是中国构建常态化人才培养国际合作机制和平台的有益实践，在区域层面建立文物保护修复专业技术人员的交流机制，加强信息、知识和经验共享，将成为推动亚太地区乃至国际保护修复技术与研究的一股重要力量。

查验文物伤况

文物病害分析诊断

三、联合国教科文组织亚太地区世界遗产培训与研究中心（北京中心）相关培训项目

2007 年 10 月联合国教科文组织第 34 届会员国大会第 41 号决议，正式批准在中国建立由教科文组织赞助的亚太地区世界遗产培训与研究中心，中心由上海、北京、苏州共同承办，分别负责文化、自然遗产保护和修复技术的培训。

联合国教科文组织亚太地区世界遗产培训与研究中心（北京中心），自 2019 年 7 月起由北京大学考古文博学院负责运营，主要承担自然遗产、考古遗址、文化景观的保护管理研究和培训。

（一）亚太地区文化线路保护与管理研讨会暨培训班

2015 年 11 月 6 ~ 13 日，联合国教科文组织亚太地区世界遗产培训与研究中心（北京中心）实施亚太地区文化线路保护与管理研讨会暨培训班，该项目在四川省广元、绵阳、成都举办，培训学员 70 人。学员均来自亚太地区（尼泊尔、日本、中国）重要文化线路沿线遗产地的保护管理机构。

培训班采取室内课程与野外考察相结合的方式，重点以中国四川的蜀道文化线路为案例，邀请 12 位国内外知名专家学者围绕"文化线路研究、保护、利用、管理"等主题进行授课。研讨会内容涉及文化线路的理论方法与案例实践，包括概念辨析、相关遗产基础价值研究方法以及文化线路类型遗产的保护及管理规划和展示设计，并从世界遗产的角度探究国际文化遗产学界的发展态势，为亚太地区的文化线路遗产申报及保护工作提供系统学术支持。

培训班学员合影

（二）贵州省三叠纪化石群申报世界自然遗产研讨会暨亚太地区化石遗产保护培训班

2015年12月7~9日，联合国教科文组织亚太地区世界遗产培训与研究中心（北京中心）与贵州省住房和城乡建设厅、安顺市人民政府联合主办"贵州省三叠纪化石群申报世界自然遗产研讨会暨亚太地区化石遗产保护培训班"。培训班邀请意大利米兰大学、美国加利福尼亚大学、北京大学等11位国内外知名专家学者参与授课。培训学员约40人，大多来自亚太地区（日本、菲律宾、中国）化石遗产地的一线管理工作者。本次培训班以自然遗产保护为主题，结合化石遗产的研究、保护、管理及世界遗产申报，旨在为相关遗产地的保护管理工作提供指导。

理论授课

四、联合国教科文组织亚太地区世界遗产培训与研究中心（上海中心）相关培训项目

联合国教科文组织亚太地区世界遗产培训与研究中心（上海中心）于 2007 年成立于同济大学。2007 年 5 月，联合国教科文组织亚太地区世界遗产培训与研究中心（上海中心）与国际文化财产保护与修复研究中心签订合作备忘录，联合国际力量积极开展文化遗产保护与修复研究。

（一）亚太地区世界遗产能力建设活动

该项目建立在联合国教科文组织亚太地区世界遗产培训与研究中心（上海中心）与国际文化财产保护与修复研究中心的合作框架下，每两年联合开展一次亚太地区能力建设活动。目前已成功举办 6 期国际培训班，培训学员 97 人，惠及亚洲《世界遗产公约》22 个缔约国。通过在亚太地区开展世界遗产合作项目，联合国教科文组织增强与其他地区的国际、国家机构的合作伙伴关系。

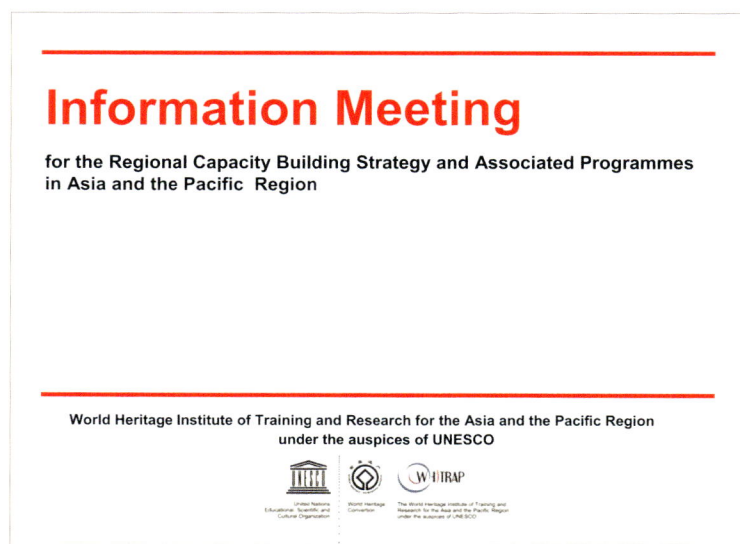

Information Meeting

for the Regional Capacity Building Strategy and Associated Programmes in Asia and the Pacific Region

World Heritage Institute of Training and Research for the Asia and the Pacific Region under the auspices of UNESCO

宣传海报

授课现场

（二）"世界文化遗产理念与实践"专业培训

2020 年 11 月 3 ～ 5 日，"世界文化遗产理念与实践"专业培训暨 2020"亚太遗产实践者联盟"年会中国研讨会在浙江杭州良渚古城遗址召开。来自中国各遗产地的近 200 名学员参与培训，分享优秀监测年报工作和遗产保护管理的先进经验，研习良渚文化的价值发掘和保护、石窟寺保护、世界文化遗产保护与监测等多项课程，并就文旅融合背景下遗产保护管理面临的新机遇和挑战、遗产管理模式创新等议题展开积极热烈讨论。

（三）世界遗产与可持续旅游培训项目

2012 年，在第 36 届世界遗产大会上，世界遗产委员会正式通过"世界遗产与可持续旅游项目"，并将其纳入《2012 ～ 2022 年实施世界遗产公约战略行动计划》。2015 年初，联合国教科文组织亚太地区世界遗产培训与研究中心（上海中心）在中国主导实施"世界遗产与可持续旅游项目"试点项目，旨在通过其在中国的应用，对促进"世界遗产与可持续旅游项目"的落实具有全球示范意义。2016 年 6 月举办"世界遗产与可持续旅游"国际培训班，中国 33 个世界遗产地（含预备清单）的管理者参与培训。

学员讨论

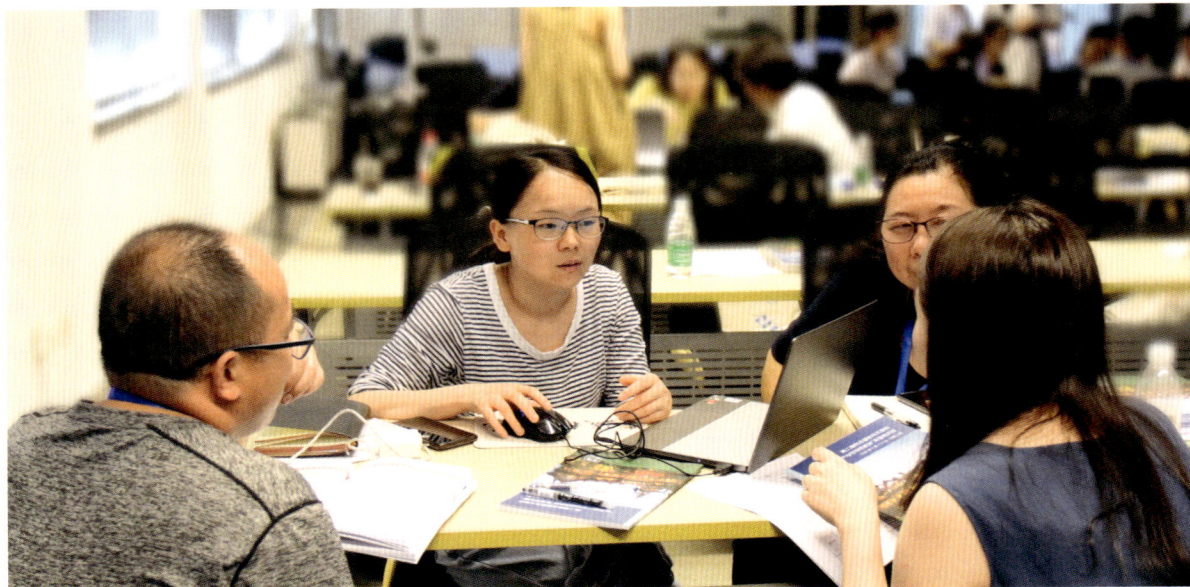

学员讨论

（四）国际世界遗产和预备名单能力建设系列培训

联合国教科文组织亚太地区世界遗产培训与研究中心（上海中心）与菲律宾国家教科文组织全国委员会合作，于 2019 年 10 月举办了第一届培训班，参训学员 60 人。该项目是在联合国教科文组织《世界遗产公约》框架下，面向菲律宾国家及其地方遗产管理团队开设的能力建设项目，由菲律宾联合国教科文组织全国委员会主办，联合国教科文组织亚太地区培训与研究中心（上海中心）提供课程研发、咨询服务。此项目的实施，进一步提升了双方合作，共享"一带一路"建设成果。

课程在菲律宾三个不同遗产地展开，涵盖三个主题：联合国教科文组织结构和《世界遗产公约》；世界遗产管理的机制；申请联合国教科文组织世界遗产名录预备清单有关的文书结构、格式和问题。代表多个地区和相关利益方的学员们，在培训期间集思广益、共商共建，深入探讨菲律宾世界遗产保护和管理制度，启动"菲律宾世界遗产国际能力建设系列和暂定名单"工作。

外方教师授课

培训学员在菲律宾维甘古城现场教学

（五）"菲律宾世界遗产影响评估"培训班

2022 年 5 月，菲律宾国家文化和艺术委员会的文化遗产保护和法规司与联合国教科文组织亚太地区世界遗产培训与研究中心（上海中心）签订合作备忘录。5 月 26 日、6 月 2 日、6 月 16 日和 6 月 22 日先后开展四期"菲律宾世界遗产影响评估"培训班。学员共 78 名，是来自菲律宾文化遗产和旅游相关的各个行业及地方和国家政府部门、世界遗产地代表及全国各地世界预备遗产地代表。

培训课程涵盖世界遗产公约和制度、世界遗产公约的基本概念、世界遗产发展进程、世界遗产保护与管理、世界遗产影响评估导论和影响评估过程等单元，促使学员们较全面了解世界遗产管理体系要求。

小组讨论

当地代表研讨

（六）蒙古国世界遗产管理能力建设与技术援助培训班

　　为推进亚太地区缔约国落实《世界遗产公约》，2022 年 5 月联合国教科文组织亚太地区世界遗产培训与研究中心（上海中心）和蒙古国文化部国家文化遗产中心签订了为期两年的合作备忘录。在此合作框架下，2022 年 10 月 18 ～ 21 日，双方合作举办第一期"蒙古国世界遗产管理能力建设与技术援助"培训班，旨在促进蒙古国文化遗产保护的管理能力建设，并帮助学员更好地了解《世界遗产公约》等关键概念和法定程序，逐步提升蒙古国世界遗产申遗文本编制和实施管理规划、完善管理系统的技能和知识水平。

　　此次培训采用线上与线下、讲座与工作营相结合的教学模式。授课教师们通过 10 个专题阐释《世界遗产公约》的概念及法定程序、世界遗产的保护与管理方法等，同时引导学员们研讨遗产管理技术线路，为布尔罕和乐敦圣山及周围景观遗产地保护状况系统报告提供技术咨询。

学员分组讨论

五、上海博物馆"一带一路"博物馆管理高级研修班

2019 年 11 月 17 ～ 27 日，中国上海博物馆举办"一带一路"博物馆管理高级研修班，围绕"'一带一路'视野下的博物馆发展"主题，共同探索国际视野下博物馆在文物管理、研究、保护、展览、交流和公众教育等多方面的发展与合作。来自哈萨克斯坦、乌兹别克斯坦、吉尔吉斯斯坦、阿塞拜疆、蒙古国、斯里兰卡、印度尼西亚、沙特、埃及等"一带一路"共建国家的 15 位博物馆高级管理人员参加培训。

课程关注"一带一路"建设与博物馆发展，多位海内外资深专家授课，从不同层面分析全球博物馆在文明对话视野下的规划与成果，充分解读博物馆在文化交流过程中所发挥的重要作用。同时，学员们赴杭州、西安、北京等历史文化名城实地考察，体会不同地域的历史积淀和中国博物馆的多元文化，进一步了解中国博物馆在"一带一路"倡议下的发展理念与成果。

授课现场

学员研讨交流

研修班结业仪式

第四编

交流互鉴

十年来，"一带一路"共建国家以文化遗产为媒介，通过展览展示，内容涉及考古、世界文化遗产、文化与艺术珍品等文化交流与保护实践成果，采用"走出去""请进来"的方式，官方与民间交流互为补充，展现了中国与"一带一路"共建国家在深入挖掘阐释文化遗产价值、弘扬文化精髓、丰富文化内涵、增强文化自信等方面的工作与成就，有效推动了"一带一路"共建国家和地区互相认知、互为借鉴、互通有无，为"一带一路"建设搭建了文明对话的平台。

出境展览

第一节

中华文明源远流长、绵延不绝，中华文化历史悠久、博大精深、底蕴深厚。十年间，中国以"让文物活起来"为指引，围绕丝路历史文化、华夏瑰宝、考古成果、文化艺术等主题，与"一带一路"共建 40 多个国家，合作推出具有中国内涵、国际表达、创意融合的文物精品展览 110 余项，积极发挥拉近各国人民情感和文化的纽带作用，拓展文化遗产对外交流平台，向世界展示真实、立体、全面的中国，推动文明交流互鉴，描绘出新时代中国与"一带一路"共建国家民心相通、结下深厚友谊的绚丽篇章。

一、"华夏瑰宝展"巡展

承办单位：中国文物交流中心，土耳其、卡塔尔、沙特、罗马尼亚、捷克、匈牙利等国博物馆、美术馆

展览地点：土耳其、卡塔尔、沙特、罗马尼亚、捷克、匈牙利等国博物馆、美术馆

展览时间：2012 ~ 2018 年

展览按照华夏文明发展脉络，涵盖了从史前文化到明清时期的漫长历史，生动形象地展现了华夏文明的博大精深和薪火传承。展览精选了来自中国故宫博物院、西安博物院、秦始皇帝陵博物院、汉阳陵博物院、半坡博物馆等单位的陶器、青铜器、玉器、瓷器、金银器等文物。

罗马尼亚总理蓬塔、议会众议长兹戈内亚、外交部部长科尔勒采恩、文化部部长巴尔布出席了罗马尼亚"华夏瑰宝"展开幕式。

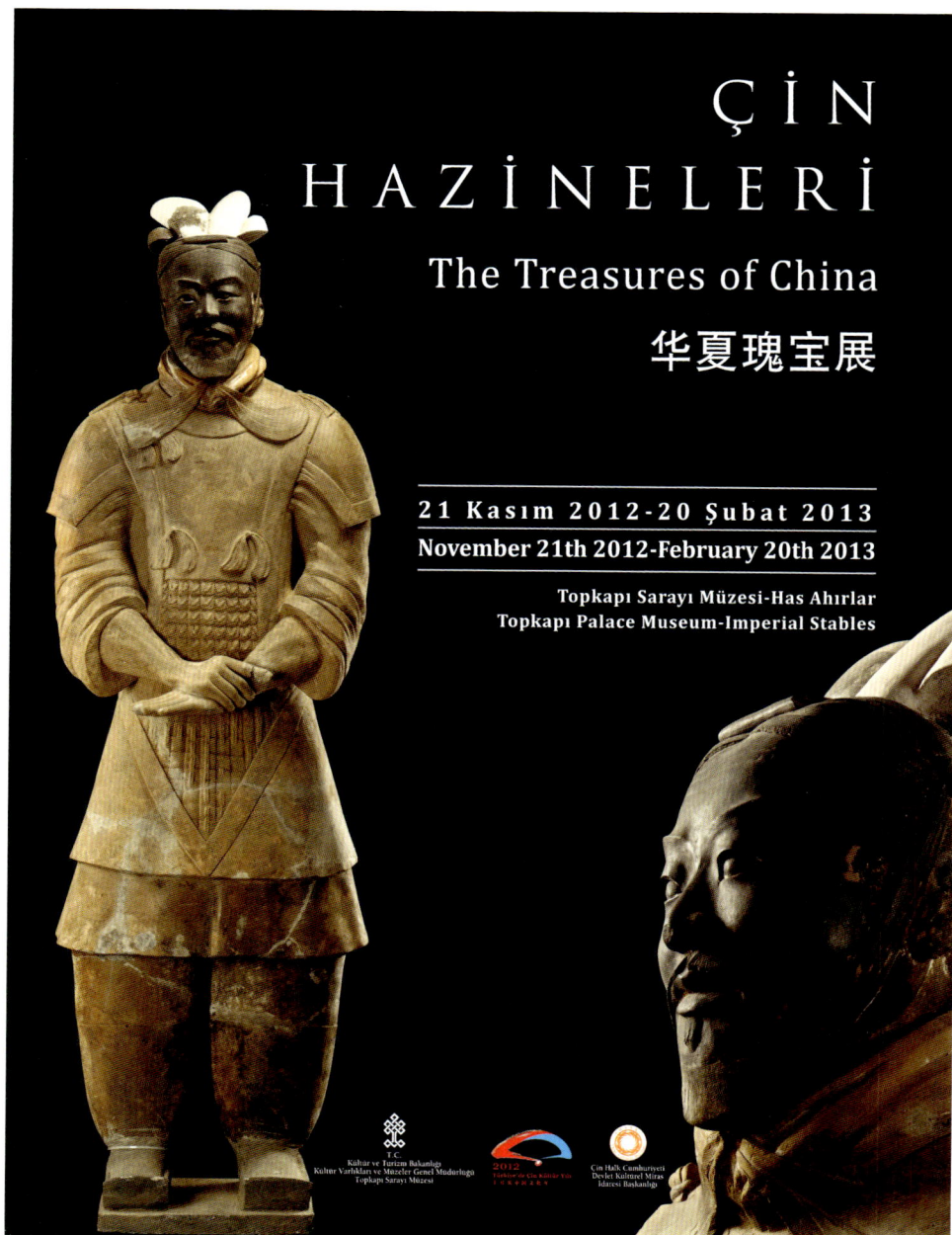

展览海报

展厅

公众观展

展品：唐鸳鸯莲瓣纹金碗

展品：战国狮虎形金牌饰

展品：仰韶文化人面鱼纹彩陶盆

展品：唐金走龙

展品：西周中期牛尊

展品：东汉西王母画像砖拓片

展品：唐代狩猎出行图壁画（局部）

二、赴日本"国宝观澜——故宫博物院文物精华展"

承办单位：中国故宫博物院，日本东京国立博物馆

展览地点：日本东京国立博物馆

展览时间：2012 年 1 ~ 2 月

展览分为两个部分：第一部分展出故宫博物院绘画、书法、青铜器、玉器、陶瓷器、漆器、珐琅器、织绣等文物精品，其中包括北宋张择端《清明上河图卷》；第二部分以宫廷为中心，全方位地介绍清朝文化。展览展出故宫博物院 254 件 / 套珍贵藏品，同时还通过场景再现了乾隆皇帝观赏美术品的书斋"三希堂"。

日本明仁天皇、美智子皇后及德仁皇太子参观了展览。

观展盛况

展厅

展厅

展品：莫高窟第 249 窟西魏骑马狩猎图（摹品）

展品：敦煌莫高窟 257 窟北魏九色鹿壁画（摹品）

三、赴土耳其"印象敦煌——中国文化展"

主办单位：中国文化部、中国驻土耳其大使馆，土耳其文化旅游部

承办单位：中国敦煌研究院、中国对外文化集团公司

展览地点：土耳其伊斯坦布尔市米玛尔锡南大学文化艺术中心

展览时间：2012 年 11 月 ~ 2013 年 1 月

展览为 2012 年土耳其"中国文化年"压轴之作，展出了敦煌莫高窟的出土文献、花砖、彩塑、壁画临摹品以及整体复制洞窟等近百件艺术珍品，涵盖了 4 ~ 14 世纪的艺术精品，其中敦煌莫高窟北魏第 257 窟九色鹿本生故事、西魏第 249 窟骑马狩猎图等壁画均是中国美术史上著名的绘画精品。

展览现场邀请了演艺人员表演敦煌乐舞和中国茶艺，并举办了敦煌文化论坛。

展品：敦煌莫高窟第 432 窟中心柱（复制）

四、赴文莱"碧海丝路 东方之舟
——泉州'海上丝绸之路'展览"

承办单位：中国驻文莱大使馆、泉州海外交通史博物馆，文莱海洋博物馆

展览地点：文莱海洋博物馆

展览时间：2015 年 3 ~ 4 月

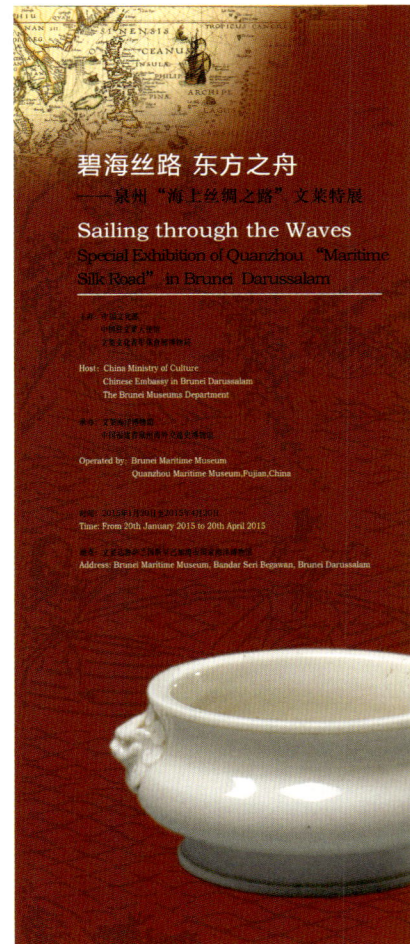

碧海丝路 东方之舟
——泉州"海上丝绸之路"文莱特展

Sailing through the Waves
Special Exhibition of Quanzhou "Maritime
Silk Road" in Brunei Darussalam

Host: China Ministry of Culture
       Chinese Embassy in Brunei Darussalam
       The Brunei Museums Department

Operated by: Brunei Maritime Museum
            Quanzhou Maritime Museum,Fujian,China

Time: From 20th January 2015 to 20th April 2015

Address: Brunei Maritime Museum, Bandar Seri Begawan, Brunei Darussalam

　　展览以海上丝绸之路为主题，以中国和文莱深厚的历史渊源为主要内容，分为
"宋船之歌：泉州港与海上丝绸之路""云帆高涨：中国舟船文化""多元荟萃：
泉州宗教文化""文明对话：中国与文莱的交往"四大部分。展品共 55 组 97 件，
涉及船模、瓷器、茶叶、碑石拓片、航海仪器、古籍、出土铜钱和象棋子等实物。
文莱方面也展出了近 20 件当地出土的中国瓷器，进一步验证了两国之间深厚的"海
丝"渊源。

　　文莱王储穆赫塔迪·比拉、内阁大臣、各国驻文使节等数百位嘉宾出席了开幕式。

展览海报

展厅

五、赴塞浦路斯"中塞文化对话展"

主办单位：中国国家文物局，塞浦路斯通信与工程部

承办单位：中国文物交流中心，塞浦路斯考古局

展览地点：塞浦路斯利马索尔区考古博物馆

展览时间：2015 年 9 ～ 12 月

展览分 3 个部分，第一部分为"货币与经济"（中方）、"罗马时代的塞浦路斯"（塞方），第二部分为"生活的追求"（中塞双方），第三部分为"灵魂的归宿"（中塞双方）。展览以社会和文化生活为主题，将中塞两国的文物齐聚一堂，共同展示两个文明的文化风貌。展品共计 145 件，分别来自中国河南博物院和塞浦路斯利马索尔区考古博物馆。

这是中国首次在塞浦路斯举办的文物展，旨在通过文化交流和文明互鉴，促进两国人民彼此的了解，拓展两国友好合作，加深两国之间的友谊。

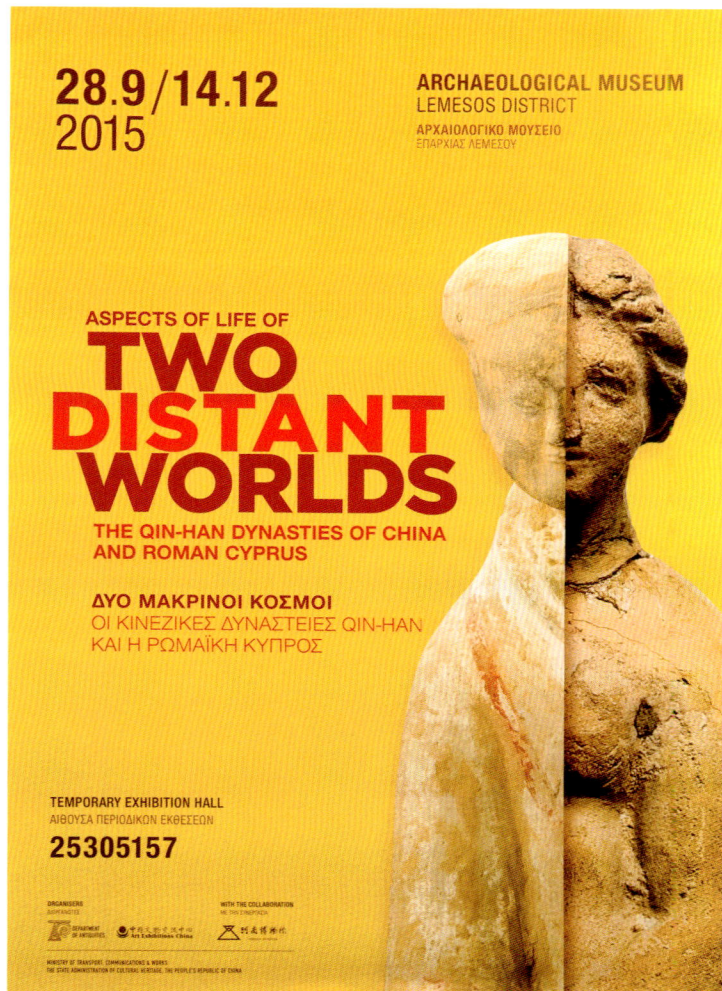

展览海报

展品：西汉陶俑

展品：西汉鎏金铜当卢

展品：三国魏四神柱础

六、赴法国"汉风——中国汉代文物展"

主办单位：中国国家文物局，法国文化与新闻部
承办单位：中国文物交流中心，法国国立吉美亚洲艺术博物馆
展览地点：法国国立吉美亚洲艺术博物馆
展览时间：2015 年 10 月～ 2016 年 3 月

展览分为"皇权无上""诸侯遗珍""农经为本""兼容并蓄""形韵之美""视死如生""优雅典致"七个部分，从多个侧面展示中国汉代多姿多彩的社会风貌。展览共展出来自中国 27 家博物馆的 450 余件／套精美文物，是中法互办文化年以来在法举办的最大规模的中国文物展。

中国国家主席习近平和法国总统奥朗德分别为展览题写序言，并共同担任监护人。

习近平主席在序言中表示，中法建交 50 周年，两国共同举办系列庆祝活动，以增进两国人民相互了解和友谊。"汉风——中国汉代文物展"从多个侧面展示了中国汉代多姿多彩的社会风貌，传递了中华民族不断进行文明创造的智慧结晶。从这份中国文化珍贵遗产中，法国和欧洲观众能够更为形象地了解中华文明的历史传承。

奥朗德总统在序言中表示，中国是一个拥有伟大文明的国家，在庆祝两国建交 50 周年之际举办"汉风——中国汉代文物展"是两国最高领导层的共同意愿。法国印象派的代表作和五大博物馆收藏的精品也将在中国进行为期一年的展出。这些文化活动为突出两国交流的质量与活力提供了契机，并提升了文化、旅游、经济、科学以及教育等各领域的交流水平。

展品：西汉铜朱雀衔环杯

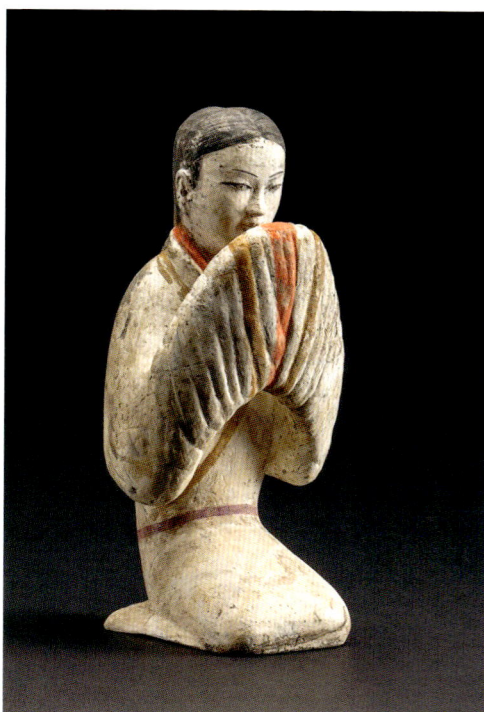

展品：西汉阳陵揖手女俑

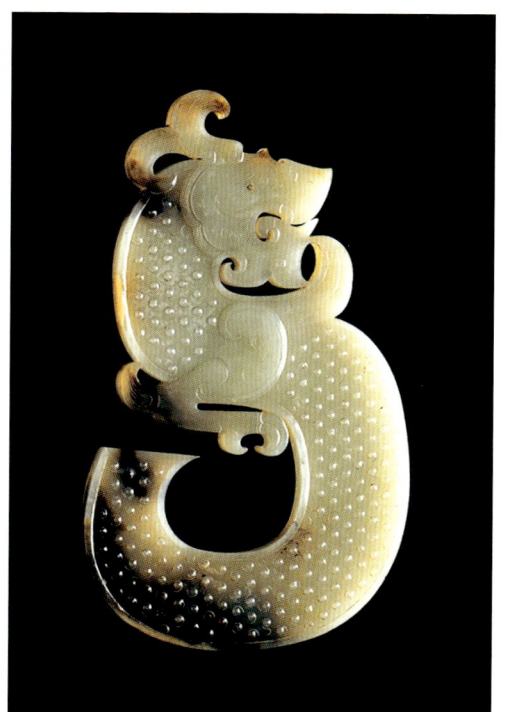

展品：西汉螭龙玉佩

七、赴马尔代夫
"蔚蓝丝路——中国海上丝绸之路特展"

主办单位：中国文化部、中国驻马尔代夫大使馆，马尔代夫教育部
承办单位：中国对外文化集团公司、福建省泉州海外交通史博物馆，马尔代夫国家博物馆
展览地点：马尔代夫国家博物馆
展览时间：2015 年 12 月

展览分为"宋船之歌：泉州港与海上丝绸之路""云帆高张：中国舟船文化""多元荟萃：泉州宗教文化"三个部分，共展出德化白瓷、古代帆船模型、伊斯兰墓碑与拓片等 50 余件。在展出的 19 件船模中，有泉州宋代沉船复原模型——三桅远洋商船、郑和下西洋时庞大的船队模型等。展览陈列的有关古代海上丝绸之路的展品，都是马中两国人民友好交往的历史见证。

展厅

展品：宋代龙涎香

展品：元伊斯兰教永春县达鲁花赤石墓碑

八、赴秘鲁
"天涯若比邻——华夏瑰宝秘鲁行"

主办单位：中国文化部、国家文物局、中国驻秘鲁大使馆，秘鲁文化部
承办单位：中国文物交流中心，秘鲁文化部文化中心
展览时间：2016 年 9 ~ 12 月
展览地点：秘鲁考古、人类学和历史博物馆

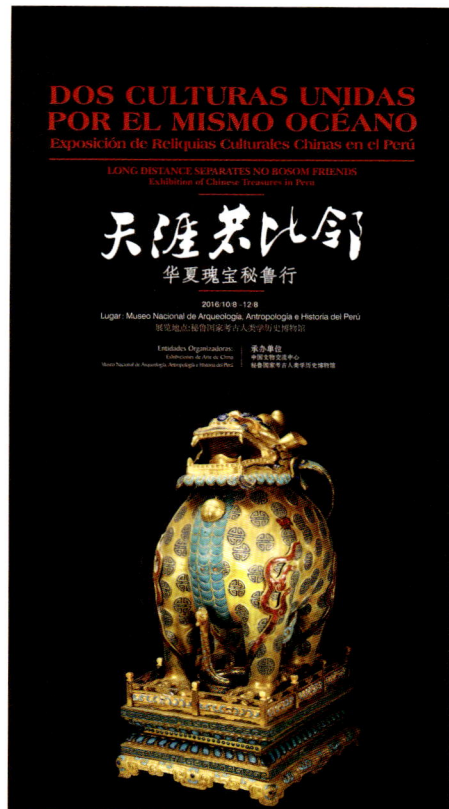

展览海报

展览共展出代表性文物 121 件 / 套。展览分为"文明曙光·礼乐定制""汉唐一统·海纳百川""皇朝盛世·中西交流"三个单元，涵盖了从史前文化到明清时期的漫长历史，内容涉及日常生活、礼仪制度、宫廷艺术等多个领域。

2016 年 11 月，中国国家主席习近平主席对秘鲁进行国事访问并出席亚太经济合作组织会议。期间，偕夫人彭丽媛教授与秘鲁总统库斯琴科夫妇共同参观展览。

展品：唐章怀太子墓客使图壁画

展品：北齐武平六年黄釉乐舞扁壶

展品：南朝战马画像砖

展品：清广彩人物图碗

九、赴拉脱维亚、立陶宛"丝路瑰宝展"

承办单位：中国文物交流中心，拉脱维亚国家艺术博物馆之里加美术馆，
　　　　　立陶宛国家美术馆
展览地点：拉脱维亚国家艺术博物馆之里加美术馆，立陶宛国家美术馆
展览时间：2016 年 10 月～ 2017 年 4 月

　　展览作为中国—中东欧国家人文交流年的重要活动之一，汇集了来
自河南博物院、新疆维吾尔自治区博物馆和新疆伊犁哈萨克自治州博物
馆等机构的文物精品，反映了包容、多元的文化内涵和中西方交流的丰
硕成果。展览以丝绸之路的开辟为线索，透过一件件精美的历史文物，
展示古代东西方文化的交流以及对后世产生的深远影响。

公众观展

展厅

十、赴韩国"南澳Ⅰ号——明代海上贸易展"

承办单位：中国广东省博物馆，韩国国立海洋文化财研究所

展览地点：韩国国立海洋文化财研究所

展览时间：2016 年 11 月 ~ 2017 年 3 月

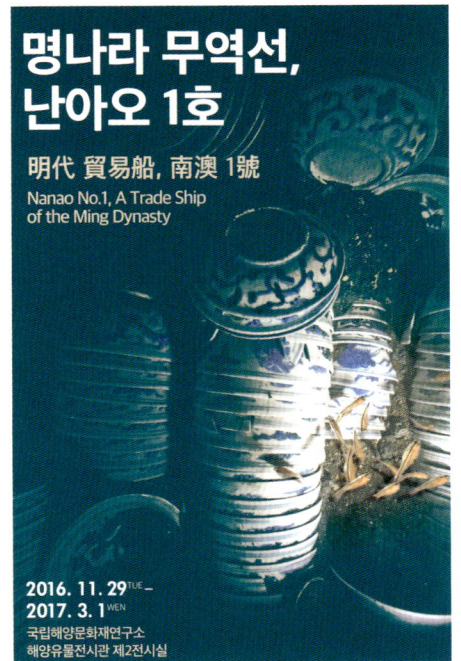

展览海报

　　展览以"南澳Ⅰ号"和"万历号"两条沉船的遗物为核心展品，共展出文物 200 余件 / 套，配合与海上贸易相关的造船、航海及商品生产等展品，辅之以反映晚明社会生活、航海细节、东西方文化交流等方面的实物资料，全方位再现中国明代万历时代海洋贸易的传奇画卷，让观众在不同场景的变换中感受壮丽的海上丝路之旅。

展品：青花象首方足军持

展厅现场

十一、赴美国"秦汉文明展"

主办单位：中国国家文物局，美国纽约大都会博物馆
承办单位：中国文物交流中心
展览地点：美国纽约大都会博物馆
展览时间：2017 年 4 ~ 7 月

展品：汉铜摇钱树

　　展览共分"以咸阳为都城的秦帝国""汉承秦制、政治改革与文化创新""汉代艺术的多样性"三部分，通过聚焦秦汉，追溯当代中国在政治、社会、经济和宗教的源头，并特别关注中国自古以来与世界交流的传统。展览共展出来自中国国内 32 所文物博物馆机构 164 件 / 套秦汉时期艺术珍品，涵盖陶瓷、金属、织物、雕塑、绘画、书法及建筑模型等各类文物，呈现了近 50 年来重要考古成就和最新研究成果。

　　2016 年 9 月，该展览写入中美元首杭州峰会成果文件。国务院副总理刘延东专门为展览开幕式发来贺词。该展览参观人次共计 35 万多人次，在纽约掀起了一股"中国热"。《纽约时报》评论该展是大都会艺术博物馆 20 年来中国文物展览中"视觉冲击力最强、情感最可亲近"的展览。

展品：秦始皇陵一号铜车马

十二、赴约旦"甘肃丝绸之路文明" 数字文物展

展品: 汉彩绘木轺车

主办单位：中国文化部、中国驻约旦大使馆，约旦文化部
承办单位：中国甘肃省博物馆
展览地点：约旦扎尔卡市阿卜杜拉二世国王文化中心
展览时间：2017 年 11 月

展览为中约建交 40 周年系列文化活动之一，以甘肃省博物馆馆藏历史文物和有关文化遗产为核心载体，以历史发展演进历程为序，通过多维立体展示、扩展应用、人机互动等方式，展现了中国先民在丝绸之路发展进程中的生存方式和生活风貌。展览展出甘肃彩陶、武威擂台汉墓出土铜奔马、铜奔马仪仗队、泾川大云寺出土舍利石函等珍贵文物数字化成果，以及文物图片 32 幅。

展品: 明彩绘泥金手抄《古兰经》

公众观展

十三、赴斯里兰卡
"长风破浪——中斯海上丝路历史文化展"

主办单位：中国国家文物局，斯里兰卡内政、西北省发展和文化部

承办单位：中国文物交流中心，斯里兰卡国家博物馆

展览地点：斯里兰卡科伦坡国家博物馆

展览时间：2017 年 12 月～ 2018 年 1 月

　　展览为中斯建交 60 周年系列文化活动之一，以法显、郑和与锡兰王子及其后裔等历史人物为线索，讲述中斯两国友好往来的历史以及海上丝绸之路上的传奇故事。中国展品为来自福建泉州海外交通史博物馆和山东青州博物馆的文物 53 件 / 套，与斯里兰卡科伦坡国家博物馆文化遗产和历史典籍相呼应，展示了中斯两国通过海上丝绸之路建立联系、开展友好往来、结下深厚友谊的历史进程。

展览海报

公众观展

展览明信片 1

展览明信片 2

十四、赴希腊"重文德之光华：重华宫原状文物展"

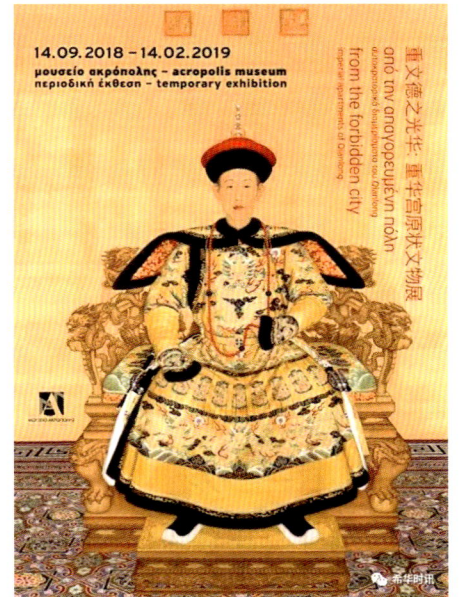

承办单位：中国故宫博物院，希腊共和国文化和体育部
展览地点：希腊雅典卫城博物馆
展览时间：2018 年 9 月 ~ 2019 年 2 月

展览海报

　　展览以中国故宫重华宫陈设记录为依据，将重华宫原状陈设再现于希腊，展现了由乾隆皇帝潜邸升格为宫殿的重华宫，力求还原乾隆皇帝的人生轨迹，再现其曾经的宫廷生活。展览共展出故宫博物院珍贵藏品 119 件 / 套。

　　希腊总统帕夫洛普洛斯、文化体育部部长米尔希尼·佐尔巴等出席了展览开幕式。

展厅照片

布展现场

观众观展

十五、赴葡萄牙
　　　"东风西韵——紫禁城与海上丝绸之路展"

承办单位：中国故宫博物院，葡萄牙文化和遗产总局
展览地点：葡萄牙阿茹达宫
展览时间：2018 年 12 月～ 2019 年 3 月

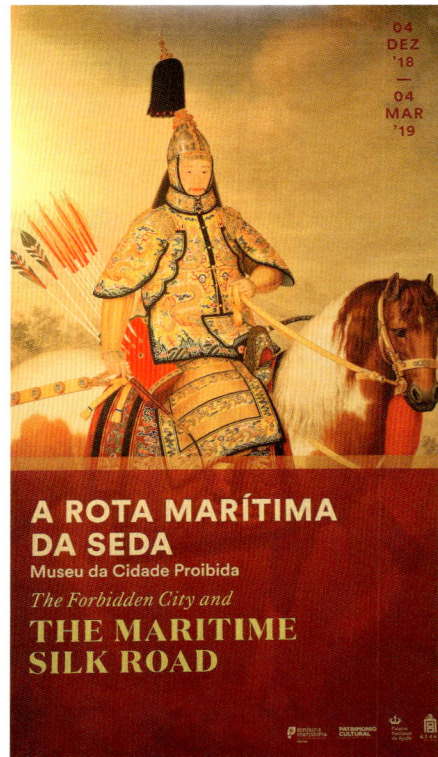

展览海报

　　展览分"扬帆远播""西学东渐"和"交互参酌"三个板块，集中体现了中国明、清两代与外部世界的交流和互动，反映了明清紫禁城与海上丝绸之路诸国之间政治、经济、科学、技术、宗教、外交等各方面的往来。展览共展出故宫博物院精品藏品 66 件 / 套，包含陶瓷、玉器、金银器、珐琅器、钟表、科学仪器等门类。

　　2019 年 12 月 4 日，中国国家主席习近平和葡萄牙总统德索萨共同参观展览。

展厅一隅

十六、赴乌兹别克斯坦 "梦回布哈拉——唐定远将军安菩夫妇 墓出土文物特展"

展品：墓葬出土罗马金币

实施单位：中国洛阳博物馆，乌兹别克斯坦国家历史博物馆

展览地点：乌兹别克斯坦国家历史博物馆

实施时间：2019 年 6 ~ 9 月

展览以中国河南省洛阳市安菩夫妇墓出土的墓志、罗马金币、唐三彩等 75 件 / 套精品文物为载体，从"安菩是谁""安菩的家族""开放的唐东都""多元的精神世界"等维度，讲述了来自中亚安国（今乌兹别克斯坦布哈拉）的安菩家族在丝绸之路上迁徙、变迁的历史故事，是中国洛阳与乌兹别克斯坦布哈拉友好交往的历史印证。展品以洛阳唐三彩为主，展现唐代艺术的绚丽多彩，突出了洛阳作为"唐三彩之乡"的历史地位，展现了一千多年前大唐帝国的辉煌历史及海纳百川、有容乃大的盛世气度。

展品：安菩墓志

展厅

展品：曾侯谏铜盉

观众观展

十七、赴印度"礼乐·华章
——中国湖北文物特展"

主办单位：中国湖北省文化和旅游厅、湖北省博物馆，印度国家博物馆

承办单位：中国湖北省博物馆，印度国家博物馆

展览地点：印度国家博物馆

展览时间：2019 年 11 月 ~ 2020 年 1 月

　　展览系贯彻落实中国国家主席习近平和印度总理莫迪 2018 年 4 月在湖北武汉和 2019 年 10 月在印度金奈两次非正式会晤时达成的重要共识，响应两次"中印高级别人文交流机制会议"关于开展文化领域交流合作的倡导而举办。展出的 100 件 / 套文物，以湖北地区出土青铜器为主，展现了中国古代礼乐文化和青铜艺术的璀璨华章，也一定程度上反映了中印早期文明的交流互鉴。特别是曾仲游父壶、曾侯谏铜簋等文物，均为 2018 年 4 月中印两国领导人在湖北省博物馆共同参观过的展品。其中梁庄王墓出土的金锭，是目前唯一见证郑和下西洋的珍贵文物。

展品：人骑骆驼铜灯

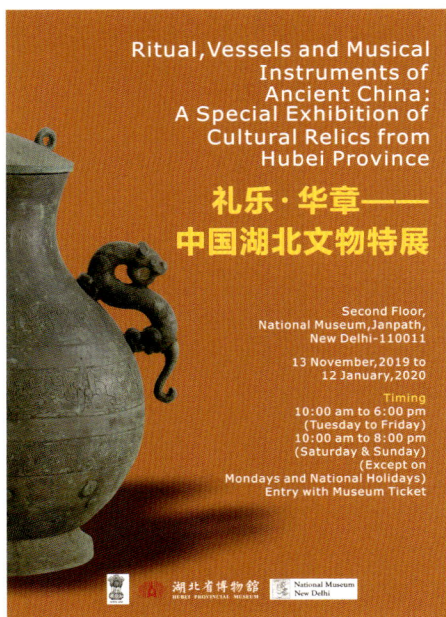

展览海报

展品：梁庄王墓金锭

入境展览

第二节

十年来，中国尊重各国文明的发展探索，以弘扬平等、互鉴、对话、包容的文明观为原则，与“一带一路”共建40多个国家，合作开展了70余项入境主题展览，通过美学、精品文物、文明与艺术等交流，让中国观众不出国门就能领略异域风情，切身感悟丝路文明的灿烂与悠长。这些展览体现了不同文明交流互鉴，促进各国文明和衷共济、包容互鉴、相互发展。

一、哈萨克斯坦“古代珍宝展”

主办单位：中国文化部，哈萨克斯坦文化与信息部、哈萨克斯坦驻华大使馆
承办单位：中国国家博物馆、中国对外文化集团公司
展览地点：中国国家博物馆
展览时间：2013年11月

展览为庆祝中华人民共和国与哈萨克斯坦共和国建交21周年而举办，是两国文化部及哈萨克斯坦驻华大使馆共同主办的“哈萨克斯坦文化日”框架下的重要活动之一。展览分为“古代金饰文物”“哈萨克人民民族文化”和“哈萨克斯坦当代艺术”三个部分，展示了哈萨克斯坦古代民族艺术的深厚根基和悠久历史，诠释了哈萨克斯坦特有的文化艺术传统，反映了古西域文化的交流传播。展览共展出哈萨克斯坦共和国各大博物馆的金、银质制品、实用艺术及民族服饰400余件/套。

二、墨西哥"玛雅：美的语言"展

主办单位：中国文化部，墨西哥国家文化和艺术委员会、墨西哥国立人类学历史学研究所
承办单位：中国国家博物馆
展览地点：中国国家博物馆
展览时间：2014 年 11 月～ 2015 年 3 月

展览以"美"为主题，分"身体之美""服饰之美""动物之美""神灵之美"四个部分，生动诠释了玛雅人和谐统一的生命观和宇宙观，全面立体展现了墨西哥以及中美洲文明的神采与魅力。展览汇集墨西哥 20 余家博物馆 238 件艺术精品。

中国国家主席习近平和夫人彭丽媛同墨西哥总统培尼亚及夫人共同出席开幕式。习近平在致辞中指出，中墨都拥有悠久历史和灿烂文化，共同为人类文明进步做出了不可磨灭的贡献。双方共同举办玛雅文化展，是两国文化交流的盛事。通过举办文化展等活动，让"收藏在博物馆里的文物、陈列在广阔大地上的遗产、书写在古籍里的文字都活起来"，使两国人民跨越时空、超越国界，感受对方国家的精彩文明，使两国人民源远流长的友谊焕发出新的生机和活力。

培尼亚总统表示，玛雅文明是美洲印第安文化的摇篮，为人类留下宝贵遗产，是古代最为发达的文明之一，这次来到中国展出，为增进两国人民相互了解搭建了新的桥梁。

展厅

三、柬埔寨"高棉的微笑——柬埔寨吴哥文物与艺术"展

主办单位：北京市人民政府、国家文物局、陕西省文物局，柬埔寨王国政府文化艺术部
承办单位：中国文化遗产研究院、首都博物馆、陕西历史博物馆，柬埔寨王国国家博物馆
展览地点：首都博物馆、广东省博物馆、陕西历史博物馆
展览时间：2014 年 12 月 ~ 2015 年 10 月

　　展览以吴哥时期石刻艺术的历史发展为主线，展示 9 ~ 14 世纪柬埔寨古代历史与文明鼎盛时期创造的吴哥艺术，同时也反映了中国援助吴哥当地文物修复工作的成果。展览共展出来自柬埔寨国家博物馆收藏的 80 件／套文物，包括各式佛陀与菩萨雕塑、建筑构件和装饰品、陶瓷以及吴哥古迹的其他文物。

　　这是柬埔寨文物第一次在中国举办的展览，以丰富的内容和精心设计的艺术展示形式，为中国的东南亚文化艺术史、宗教史研究提供很好的交流互鉴机会。

展品：伽内什石雕

展品：毗湿奴石雕

展览海报

首都博物馆展厅

陕西历史博物馆展厅

展品：门楣浮雕

四、印度"梵天东土　并蒂莲华：
公元 400 ~ 700 年印度与中国雕塑艺术展"

承办单位：中国故宫博物院、福建博物院、浙江省博物馆、四川博物院，印度国家博物馆

展览地点：中国故宫博物院、福建博物院、浙江省博物馆、四川博物院

展览时间：2016 年 9 月 ~ 2018 年 1 月

　　展览以中国三位求法高僧法显、玄奘和义净在印度时的活动为主线，通过中印两国 30 余家收藏单位 175 件 / 套文物，集中展示印度笈多、后笈多雕塑艺术以及同时期中国佛教雕塑艺术，展现了印度笈多艺术对中国的影响以及中国艺术对外来文化的借鉴、吸收、转化和发扬，让观众从中感受到印度艺术与中国艺术独特的文化创造力，了解亚洲两大文明之间源远流长的文化交流史。

展品：毗湿奴石雕像

展品：王室出行石浮雕像

展品：库木吐拉千佛洞 21 窟穹窿顶壁画摹品

展品：吉祥天女石雕像

展品：菩萨石雕像

展品：拉库利沙石雕像

展品：佛像故事石浮雕

五、沙特阿拉伯"阿拉伯之路——沙特出土文物展"

主办单位：中国国家文物局，沙特旅游与民族遗产总机构
承办单位：中国国家博物馆、中国文物交流中心
展览地点：中国国家博物馆
展览时间：2016 年 12 月 ~ 2017 年 3 月

　　展览分"史前时期的考古发现""欧拉与泰马的考古发现""卡耶特法奥的考古与发现""塔鲁特的考古发现与迪尔蒙、格拉""麦加与朝圣""沙特王国的形成与考古"六部分，从阿拉伯半岛发现的最早古人类活动资料开始，沿着阿拉伯古代香料之路和早期伊斯兰朝圣之路的足迹，通过不同时期不同地区的考古发现与研究成果来展示古代阿拉伯历史文化发展轨迹，全面反映了沙特境内古代伊斯兰文明和本土考古学文化发生、发展的历史进程，是阿拉伯本土文化与东西方文化之间交流和互动的重要物证。展览展出来自沙特各个博物馆的 466 件 / 套文物珍品，是近四十年来沙特阿拉伯王国考古调查、发掘工作的重要成果。

　　2017 年 3 月 16 日，中国国家主席习近平和沙特国王萨勒曼共同参观了沙特出土文物展，并出席展览闭幕式。习近平主席在闭幕式致辞中指出，此次展览是双方推动文化对话、加强文化交流互鉴的一项成果，也是中沙全面战略伙伴关系的重要体现。

展品：黄金面具

展品：玉雕武士像

展品：石雕像

展品：石雕武士像

六、阿富汗"浴火重光：来自阿富汗 国家博物馆的宝藏"展

展览海报

展品：彩绘高足玻璃杯

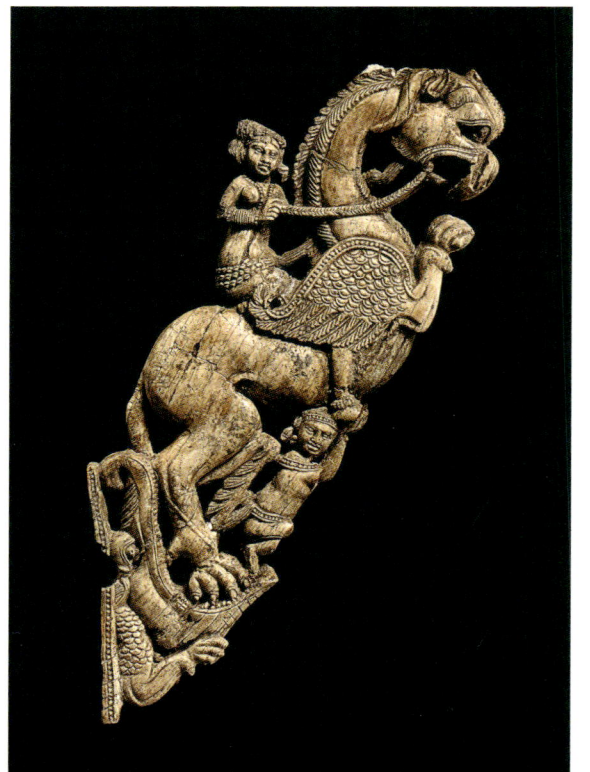

展品：狮鹫象牙斜撑

实施单位：中国文物交流中心
合 作 方：阿富汗国家博物馆
展览地点：中国故宫博物院、敦煌研究院、成都博物馆、郑州博物馆、深圳南山博物馆、
　　　　　湖南省博物馆、清华大学艺术博物馆、南京博物院
展览时间：2017 年 3 月 ~ 2019 年 10 月

展品：金王冠

　　展览以考古发现地点为主线，分"法罗尔丘地""阿伊哈努姆""蒂拉丘地""贝格拉姆与丝绸之路"四个部分，分别展示了阿富汗青铜时代、希腊化时期、月氏人入侵至贵霜王朝建立之前、贵霜王朝四个历史时期的珍贵文化遗产，展现阿富汗复杂多彩的古代历史进程。展览共展出阿富汗不同时期金器金饰、象牙、玻璃、石刻类文物 231 件 / 套，全面展示阿富汗公元前 3 世纪至公元 1 世纪的历史风貌，展现了丝绸之路悠久厚重的历史和多民族文化的交融，充分诠释出阿富汗作为"文明十字路"的多元文化特征。

展品：康塔罗水晶酒杯

展品：紧那罗陶水壶

展品：金怪兽

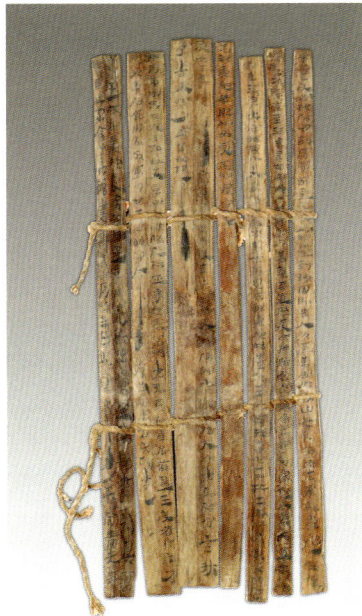
展品：康居王使者册

展品："驿使图"壁画砖

七、哈萨克斯坦、吉尔吉斯斯坦
"绵亘万里：世界遗产丝绸之路"展

主办单位：中国国家文物局

承办单位：中国陕西省文物局、新疆维吾尔自治区文物局、甘肃省文物局、河南省洛阳市
　　　　　文物局、中国社会科学院考古研究所、香港历史博物馆，哈萨克斯坦国家博物馆、
　　　　　哈萨克斯坦考古博物馆、吉尔吉斯斯坦历史及考古博物馆

展览地点：中国香港历史博物馆

展览时间：2017 年 11 月 ~ 2018 年 3 月

　　展览为配合第十届亚洲文化合作论坛举办，是中国、哈萨克斯坦和吉尔吉斯斯坦三国联合申报"丝
绸之路：长安—天山廊道路网"世界遗产成功后第一次以丝绸之路为主题的展览。

　　展品共计约 220 件／套，有陶器、壁画、青铜器、玉器、瓷器、金银器、丝锦帛制品、木制品、
纸质文物、玻璃器、石刻、泥塑等，来自中国多家博物馆、哈萨克斯坦国家博物馆、哈萨克斯坦共和
国考古博物馆、吉尔吉斯斯坦历史及考古博物馆等机构。展品时代自早期铁器时代直至唐朝，全面展
现了丝绸之路路网沿线民族交流、文化融合、文明互鉴的壮阔历史。

　　香港特区行政长官林郑月娥在开幕式上致辞表示，丝绸之路不单是运送丝绸香料的贸易之路，也
是一条沟通东西方文化、推动人类发展的文明之路。展览将中国、哈萨克斯坦和吉尔吉斯斯坦的珍贵
文物汇聚一堂，不仅向观众展示丝路绚丽多姿的文化瑰宝，也呈现了它无比精彩的人文面貌。

展品：胡人牵马壁画

展品：胡人牵驼壁画

展厅

八、卡塔尔“铭心撷珍
——卡塔尔阿勒萨尼收藏展”

承办单位：中国故宫博物院、中国驻卡塔尔大使馆

展览地点：中国故宫博物院

展览时间：2018 年 4 ～ 6 月

　　故宫博物院此次展览作为卡塔尔阿勒萨尼收藏世界巡展中的一站，是该批展品在中国的首次亮相，由卡塔尔亲王哈马德·本·哈里发·阿勒萨尼亲自督办。展览分为“瑰丽梵星”“皇室臻选”两个单元，展出阿勒萨尼珍贵收藏和故宫博物院收藏珍品共计 565 件／套。其中，第一单元为一系列印度珠宝艺术的巅峰之作，总计 270 余件／套，包括富有历史意义的皇室珍宝配饰，以及卡地亚等欧洲知名珠宝制造商制作的印度传统风格的精美珍宝，呈现了从莫卧儿王朝直至现代的印度珠宝艺术；第二单元包括古代文明的文物直至现代艺术佳品，前后跨越 5000 年历史，其中多件艺术珍品均为世界范围内首次展出。

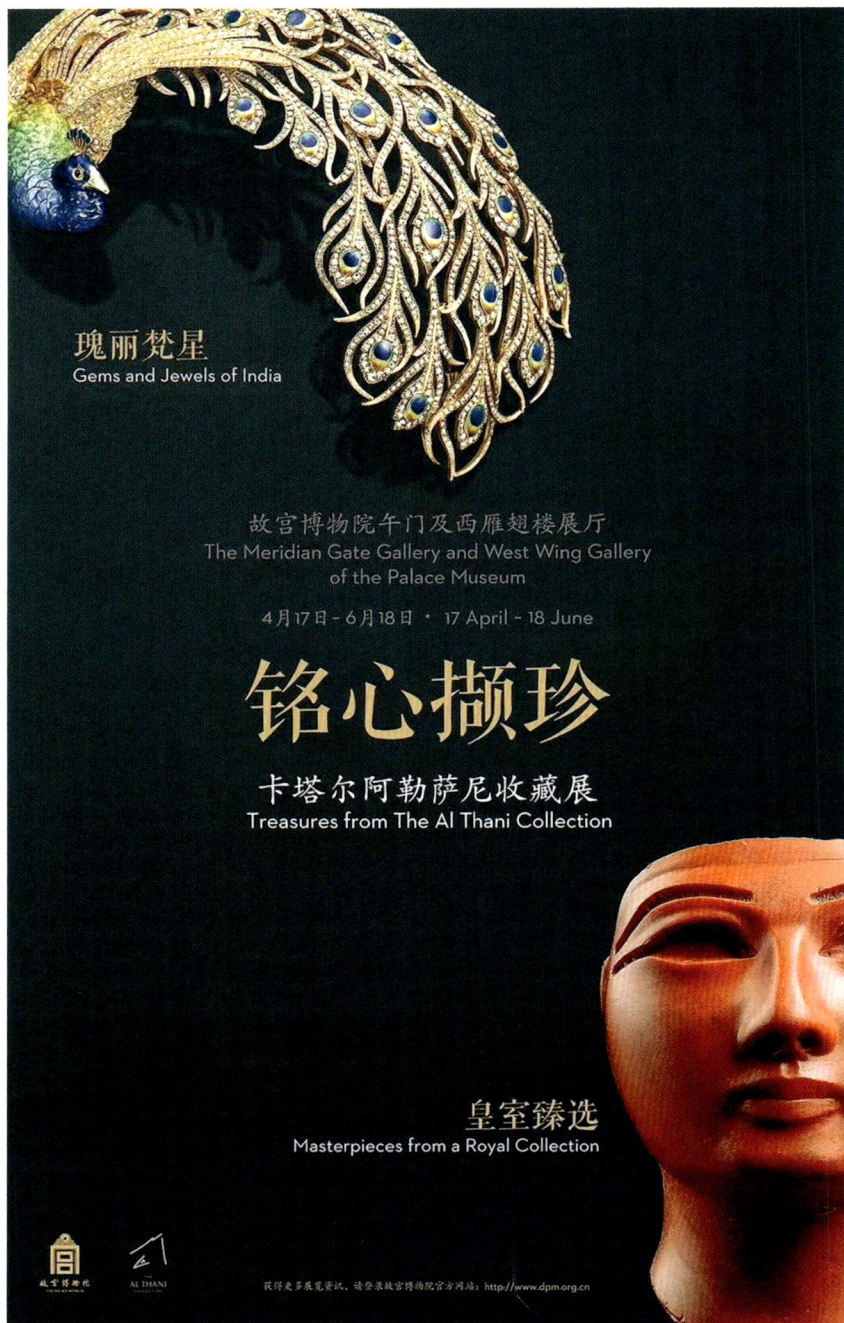

展览海报

展品：珠宝首饰盒

展品：珠宝配饰

九、韩国"亚洲内海
——13 至 14 世纪亚洲东部的陶瓷贸易展"

承办单位：中国广东省博物馆，韩国海洋文化财研究所
展览地点：中国广东省博物馆
展览时间：2018 年 4 ～ 8 月

　　展览依托东亚海域发现的 13 ～ 14 世纪的沉船资料以及中韩两国文博单位 407 件出土文物及传世珍品，分"百舸千帆""帝国气象""货通万国"三部分，以元代为主要时间段、以陶瓷贸易为主题，汇聚中国南北方和韩国重要沉船资料以及出水、出土、传世外销瓷器，展现这一时期亚洲东部的陶瓷贸易盛况及中国陶瓷的世界影响。

　　展览还展出了最新考古成果，包括"南澳 I 号"出水瓷器、江苏太仓樊村泾仓储遗址出土瓷器以及辽宁绥中三道岗沉船及福建省海域多艘沉船出水瓷器等。

展品：元磁州窑褐彩龙凤纹罐

展品：元龙泉窑青釉缠枝莲纹大瓶

展厅

十、"大美亚细亚——亚洲文明展"

主办单位：中国文化和旅游部、国家文物局
承办单位：中国国家博物馆、中国文物交流中心，亚洲 47 国博物馆，
　　　　　希腊、埃及博物馆
展览地点：中国国家博物馆、中国（海南）南海博物馆、孔子博物
　　　　　馆等
展览时间：2019 ～ 2020 年

公众观展

　　该展览是中国首次举办、亚洲大家庭共同参与、通力合作的全景式亚洲文明专题展览。展览分四部分：第一部分"美成在久　日出东方"，以文物为载体，凸显各国历史文化特色，反映两河流域文明、印度河文明和中华文明的源远流长与历史发展，诠释亚洲是人类文明之源；第二部分"美在通途　行久致远"，展示中国汉代以来陆上丝绸之路、海上丝绸之路相关文物和亚洲丝绸之路沿线地区的文物，表现古代中国与亚洲各国通过丝绸之路建立的经贸文化联系，彰显亚洲文明之间的对话与交流；第三部分"美美与共　天下大同"，展示中国与亚洲各国文化遗产领域的交流合作情况，携手保护人类共同的精神家园；第四部分"美人之美　礼尚往来"展示中国国家领导人在与亚洲各国领导人外交活动中受赠的礼品，展现新中国与亚洲各国繁荣友好往来与文化交流。展览共展出来自亚洲 47 国家和文明伙伴希腊、埃及的 400 多件珍贵文物。

　　2019 年 5 月 15 日，亚洲文明对话大会开幕式前，中国国家主席习近平与出席开幕式的外方领导人共同参观展览。

展品：人物浮雕

展品：土库曼斯坦镶宝石镀金银饰

展品：2012 年哈萨克斯坦总统赠镀金孔雀形杯

展品：伊朗塞尔柱王朝釉面彩绘碗

展品：20 世纪 50 年代缅甸总理赠象牙雕烟盒

展品：阿富汗巴克特里亚遗址青铜斧头

展品：柬埔寨吴哥时期石浮雕门楣

十一、意大利"归来：意大利返还中国流失文物展"

主办单位：中国文化和旅游部、国家文物局
承办单位：中国国家博物馆
展览地点：中国国家博物馆
展览时间：2019 年 4 ～ 6 月

　　2019 年 3 月 23 日，在中国国家主席习近平和意大利总理孔特共同见证下，中意两国代表在罗马交换了 796 件中国文物艺术品返还证书。习近平主席与意大利总理孔特参观意大利政府返还中国流失文物艺术品展示。4 月 10 日，这批文物艺术品回归中国，这是近 20 年来最大规模的中国文物艺术品返还，并于 24 日在中国国家博物馆全部展出。这些文物从风格上看，主要源自陕西、山西、河南和江苏等地，时间跨度从新石器时代到晚清民国时期。

展厅一隅

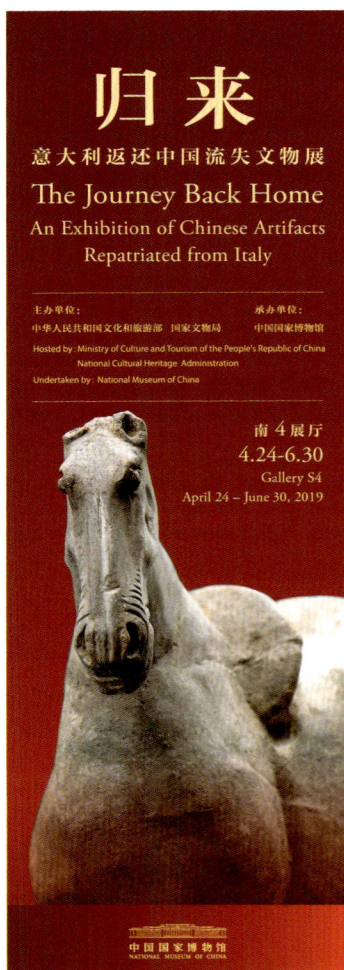

展览海报

展厅

十二、柬埔寨、日本等 12 国"殊方共享——丝绸之路国家博物馆文物精品展"

承办单位：中国国家博物馆，柬埔寨、日本、哈萨克斯坦、拉脱维亚、蒙古国、阿曼、波兰、
韩国、罗马尼亚、俄罗斯、斯洛文尼亚、塔吉克斯坦等 12 个国家博物馆

展览地点：中国国家博物馆

展览时间：2019 年 4 ~ 7 月

　　展览分丝绸之路国家展品区与海上丝绸之路国家展品区两大板块，按照地理方位将丝绸之路国家纳入人类文明交流互鉴的宏观视野之中来观察和思考，实证丝绸之路国家人口迁徙、经贸往来、科技交流、宗教传播以及生产生活方式、文化艺术等方面丰富多样的文化交流，展现丝路各国丰富的文化底蕴与融合互鉴，充分展示了"一带一路"共建各国文化文明融合互鉴、交汇碰撞的广度和深度。展品涵盖各个时期、不同门类的文物 234 件 / 套。

　　开幕式当天，全球博物馆馆长论坛在中国国家博物馆开幕。论坛以"丝绸之路国家博物馆的功能与使命"为主题，来自 20 余个国家的博物馆馆长或代表和国内的 50 余位博物馆馆长或代表进行深入研讨和交流。

展厅

公众观展

十三、越南、泰国、伊朗等 8 国
"天下龙泉——龙泉青瓷与全球化"

承办单位：中国故宫博物院、浙江省博物馆、丽水市委市政府
展览地点：中国故宫博物院、浙江省博物馆
展览时间：2019 年 7 月 ~ 2020 年 2 月

　　展览以龙泉青瓷的流布为线索，立体化地展现出宋元以来陆上及海上陶瓷之路的兴盛发达，揭示出丝绸之路的广泛交流造就了古代世界的共同发展和繁荣。展品 833 件 / 套，来自故宫博物院和浙江等地 32 家文博机构，还有越南、泰国、缅甸、日本、伊朗、叙利亚、埃及、英国等国家和地区的藏品，是历来关于龙泉青瓷展品数量最多、来源最广、产地最繁且体现文化最多元的一次展览。

展厅

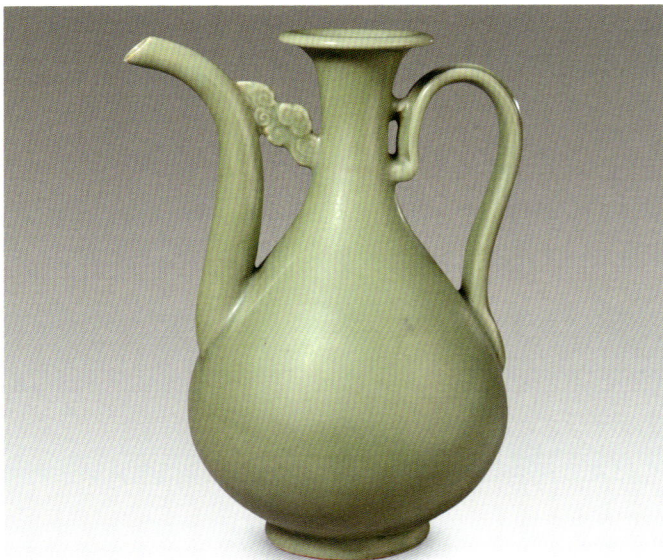

展品：明龙泉窑青瓷执壶

展品：宋龙泉窑青釉弦纹筒式三足炉

展品：元龙泉窑青瓷舟形砚滴

十四、叙利亚"文明的万花筒
——叙利亚古代文物精品展"

承办单位：中国文物交流中心，叙利亚文物与博物馆管理总局
展览地点：深圳市南山博物馆、成都金沙遗址博物馆、国家典籍博物馆
展览时间：2021 年 8 月 ~ 2023 年 10 月

　　该展览是"亚洲文化遗产保护行动"框架下的重要活动，共分为"曙光""变革""争霸""融合""对话"五个单元，横跨叙利亚的石器时代、青铜时代、铁器时代，以及希腊、罗马和伊斯兰时代，描绘了叙利亚长达 50 万年的文化图景和波澜壮阔的历史画卷。展览汇聚了来自大马士革国家博物馆等 9 家叙利亚博物馆和 3 家中国博物馆 200 余件精品文物，生动阐述了两国历史上的文化交流和贸易往来，展现中国与"一带一路"共建国家的传统友谊。

展览海报

展品：祭拜者雕像

展品：人物壁画

十五、意大利"意大利之源——古罗马文明展"

承办单位：中国国家博物馆，意大利共和国文化部博物馆司、罗马国家博物馆、
　　　　　意大利驻中华人民共和国大使馆
展览地点：中国国家博物馆
展览时间：2022 年 7 ～ 10 月

　　根据习近平主席和马塔雷拉总统关于互办中意文化和旅游年的重要决定，"意大利之源——古罗马文明展"作为 2022 年中国意大利文化和旅游年旗舰项目，在中国国家博物馆举办。

　　展览分"序幕""族群的记忆""语言的流变""诸神的崇拜""罗马的扩张""城市的规划""信仰的演变""奢华的时代""众生的面相""恺撒的后裔""时代的见证"等 11 个主题单元，系统叙述了公元前 4 世纪至公元 1 世纪波澜壮阔的历史和意大利半岛的罗马化进程，展现了意大利文化渊源的丰富多彩。展品为来自意大利 26 家国家级博物馆的 308 套共 503 件珍贵文物。

　　中国国家主席习近平和意大利总统马塔雷拉分别向"意大利之源——古罗马文明展"开幕式致贺信。习近平主席在贺信中指出，中国和意大利是东西方文明的杰出代表；这次"古罗马文明展"将以多姿多彩的珍贵文物展示意大利文化的深厚底蕴；希望中国意大利文化和旅游年以此为契机，推动文明交流互鉴，促进民心相连相通，为中意两国关系发展注入新活力。

　　马塔雷拉总统在贺信中表示，文化合作是意中友谊重要组成部分。在新冠肺炎疫情背景下，意大利在中国举办"古罗马文明展"等系列意中文旅年活动，充分证明两国关系根基深厚。

展厅

结　语

　　人类文明，灿若星河。丝绸之路是联系古代中国和其他共建国家最重要的贸易和文化交流通道，并逐步成为世界各古代文明互相汲取文化营养的主动脉。十年弹指一挥间，中国与"一带一路"共建各国一起，在文化遗产保护利用方面开展了大量卓有成效的工作，取得了累累硕果，成果举世瞩目。多样性文明保存得更鲜活，文明标志也擦得更鲜亮，中华文明的连续性、创新性、统一性、包容性、和平性也得到显著体现，并逐步为各国人民所理解、接纳。

　　本图集以中国与丝绸之路沿线国家文物保护、研究与展示单位十年来的合作成果为基础，凝聚了20多个国家50余家文物单位的心血，较全面展示了"一带一路"十年来文化遗产保护的成就。囿于篇幅限制，只能做重点、摘要展示，以求能够充分展示"一带一路"沿线国家友好合作精神。

　　新时代呼唤新使命。中国将继续与"一带一路"沿线国家携手，珍视历史，相互学习，互通有无，共同发展，把"一带一路"文化遗产保护得更好，进一步推进"一带一路"文化繁荣，为构建人类命运共同体贡献智慧与力量，共同为人类进步和现代文明发展谱写辉煌篇章！

附录 1：中外联合考古项目一览表

序号	项目名称	时间	中方单位	外方合作单位	具体区域
1	拉穆群岛地区考古	2010～2014 年	国家博物馆、北京大学考古文博学院	肯尼亚国博物馆	肯尼亚拉穆群岛
2	茶胶寺考古发掘	2011～2015 年	中国文化遗产研究院	柬埔寨吴哥古迹保护与发展管理局	柬埔寨吴哥
3	明铁佩遗址发掘与研究	2012～2023 年	中国社会科学院考古研究所	乌兹别克斯坦共和国科学院考古研究所	乌兹别克斯坦安集延州
4	Mareku 和 Topo 村聚落遗址考古	2013 年	中山大学历史学系	印度尼西亚 Gadjah Mada 大学考古学系	印度尼西亚北马鲁古省
5	蒙古国境内古代游牧民族文化遗存调查与发掘	2013～2019 年	内蒙古自治区文物考古研究所内蒙古博物院	蒙古国游牧文化研究国际学院、蒙古国国家博物馆	蒙古国中北部地区
6	西天山西端区域古代游牧文化遗存考古调查、发掘与研究	2013～2020 年	西北大学丝绸之路考古中心、中国国家博物馆、陕西省考古研究院、洛阳市文物考古研究院	乌兹别克斯坦科学院考古研究所、乌兹别克斯坦国家博物馆	乌兹别克斯坦撒马尔罕州、卡什卡达利亚州和苏尔汉河州
7	奎隆港口遗址发掘调查	2014～2016 年	故宫博物院	印度喀拉拉邦历史研究委员会、喀拉拉邦大学	印度喀拉拉邦
8	中老（挝）联合考古	2014～2019 年	云南省文物考古研究所	老挝国家社会科学院历史研究所	老挝沙湾拿吉省、川圹省、琅勃拉邦省、琅南塔省、占巴塞省、沙拉湾省和色贡省
9	毗诃罗普尔古城纳提什瓦遗址考古发掘与调查	2014～2019 年	湖南省文物考古研究所	孟加拉国阿格拉索·毗诃罗普基金会	孟加拉国达卡市
10	遗址考古发掘	2016～2019 年	中山大学，四川大学历史文化学院、社会学与人类学院	以色列海法大学	以色列北部加利利海东岸
11	"甘肃洮河流域新石器至青铜时代文化与社会之演进"研究	2015～2019 年	甘肃省文物考古研究所、北京大学考古文博学院	美国哈佛大学人类学系	中国甘肃省
12	阿尔泰青铜时代考古发掘和研究	2015～2019 年	南京大学、中国科学院古脊椎与古人类研究所	俄罗斯阿尔泰国立大学	俄罗斯阿尔泰边疆区
13	玛雅文明中心——科潘遗址考古及中美洲文明研究	2015～2020 年	中国社会科学院考古研究所、浙江省文物考古研究所	洪都拉斯人类学与历史学研究所、美国哈佛大学	洪都拉斯科潘省
14	纳德利土丘联合考古	2016～2018 年	南京大学历史学院	伊朗文化遗产与旅游研究院、伊朗国立考古学研究中心、伊朗国立博物馆、德黑兰大学考古学系、伊朗北呼罗珊省文物保护管理机构	伊朗北呼罗珊省
15	乌斯季·伊万诺夫卡遗址的联合发掘	2016～2019 年	黑龙江大学历史文化旅游学院考古系	俄罗斯阿穆尔州文化遗产保护中心、俄罗斯科学院西伯利亚分院考古学和民族学研究所、布拉戈维申斯克国立师范大学	俄罗斯阿穆尔州
16	越南陇溪城址考古发掘	2015～2018 年	中山大学	越南河内国家大学	越南北宁省
17	拉·比阿吉奥拉遗址考古调查与研究	2016～2020 年	中山大学社会学与人类学学院	意大利索纳文化与疆域协会	意大利托斯卡纳大区格罗塞托省
18	红山文化社区与分期研究	2016～2021 年	辽宁省文物考古研究院	美国匹兹堡大学人类学系、夏威夷大学人类学系	中国辽宁省
19	杨官寨中美国际田野考古学校	2016～2021 年	陕西省考古研究院	美国加州大学洛杉矶分校	中国陕西省
20	叶尼塞河中游地区联合考古	2017 年	重庆市文化遗产研究院	俄罗斯科学院西伯利亚分院考古学与民族学研究所	俄罗斯叶尼塞河中游地区
21	毗诃罗普尔古城纳提什瓦遗址考古发掘与调查	2014～2019 年	湖南省文物考古研究所	孟加拉国阿格拉索·毗诃罗普基金会	孟加拉国达卡市
22	图音河流域考古调查与发掘	2017～2019 年	吉林大学考古学院、吉林大学边疆考古研究中心	蒙古国国立大学人文学院人类学与考古学系	蒙古国巴彦洪戈尔省
23	燕然山铭摩崖及相关历史遗址调查	2017 年	内蒙古大学	蒙古国成吉思汗大学	蒙古国中戈壁省
24	蒙古国后杭爱省高勒毛都 2 号墓地考古调查与发掘	2017～2019 年	河南省文物考古研究院、洛阳市文物考古研究院	蒙古国乌兰巴托大学考古学系	蒙古国后杭爱省
25	阿尔泰山乔布拉克墓地发掘	2017～2019 年	南京大学	俄罗斯阿尔泰国立大学	俄罗斯阿尔泰边疆区
26	泰尔梅兹地区佛教遗存调查	2017～2020 年	西北大学	乌兹别克斯坦科学院、泰尔梅兹大学，泰尔梅兹考古博物馆	乌兹别克斯坦苏尔汉河州

序号	项目名称	时间	中方单位	外方合作单位	具体区域
27	拉哈特古城考古发掘与研究	2017～2021年	陕西省考古研究院	哈萨克斯坦伊塞克国家历史文化博物馆	哈萨克斯坦伊塞克国家历史文化遗址保护区
28	塞林港考古发掘与调查	2017～2021年	国家文物局水下文化遗产保护中心	沙特国家考古中心	沙特塞林港
29	越南中北部冯原文化遗存考古调查与发掘	2017～2021年	四川省文物考古研究院	越南国家历史博物馆	越南中北部
30	蒙古国青铜时期至早期铁器时期游牧文化研究	2017～2022年	中国国家博物馆	蒙古国国家博物馆	蒙古国中央省
31	卢克索孟图神庙联合考古发掘	2017～2023年	中国社会科学院考古研究所	埃及文物部	埃及卢克索地区
32	肯尼亚巴林戈地区旧石器考古调查发掘	2017～2023年	河南省文物考古研究院、山东大学、洛阳文物考古研究院	肯尼亚国家博物馆	肯尼亚裂谷省巴林戈郡
33	贝希肯特谷地考古调查与发掘	2018年	西北大学、洛阳市文物考古研究院	塔吉克斯坦科学院历史与文化遗产研究所	塔吉克斯坦哈特隆州
34	科拉斯纳亚·瑞希卡城址发掘	2018～2019年	陕西省考古研究院	吉尔吉斯斯坦科学院历史、考古与民族学研究所	吉尔吉斯斯坦楚河州
35	草原丝绸之路考古学遗存研究	2018～2019年	内蒙古自治区文物考古研究所、内蒙古师范大学	蒙古国科学院考古研究所、蒙古国科学院历史研究所、蒙古国游牧文化研究国际学院	蒙古国巴彦洪戈尔省
36	曼泰港遗址考古发掘	2018～2019年	四川大学历史文化学院	斯里兰卡凯拉尼亚大学、斯里兰卡国家考古局	斯里兰卡马纳尔地区
37	艾尔根敖包墓地考古发掘	2018～2020年	中国人民大学历史学院、中国人民大学北方民族考古研究所	蒙古国国家博物馆	蒙古国鄂尔浑省
38	巴基斯坦巴哈塔尔遗址考古发掘	2018～2020年	南京大学、河北师范大学、湖北省文物考古研究所	巴基斯坦沐莱扎马国际有限公司、旁遮普大学	巴基斯坦阿托克市
39	中美联合盘龙城遗址考古项目	2018～2020年	武汉大学、湖北省文物考古研究所、武汉市文物考古研究所、盘龙城遗址博物院	芝加哥大学东亚语言及文明学系	中国湖北省
40	贾夫纳地区遗址调查和发掘	2018～2022年	上海博物馆	斯里兰卡中央文化基金会	斯里兰卡北方省
41	宝吉土丘遗址发掘	2018～2022年	中国科学技术大学科技史与科技考古系	伊朗内沙布尔大学考古系	伊朗拉扎维呼罗珊省
42	费尔干纳盆地联合考古	2019年	西北大学、故宫博物院、陕西省考古研究院、洛阳市文物考古研究院、西安市文物保护考古研究院	吉尔吉斯斯坦科学院历史、民族与考古研究所、乌兹别克斯坦科学院考古所、塔什干大学、塔吉克斯坦科学院历史、民族与考古研究所	吉尔吉斯斯坦费尔干纳盆地东南部奥什地区
43	彭吉肯特萨拉兹姆遗址考古勘探	2019年	西北大学、洛阳文物考古研究院	塔吉克斯坦科学院历史、考古与民族学研究所	塔吉克斯坦索格特州
44	木斯塘地区佛教遗存调查	2019年	西北大学、陕西省考古研究院、天津大学	尼泊尔考古局、尼泊尔考古所	尼泊尔木斯塘地区
45	俄罗斯克拉斯诺亚尔斯克调查与发掘	2019年	吉林大学考古学院、中国人民大学	俄罗斯西伯利亚联邦大学	俄罗斯克里斯诺亚尔斯克边疆区
46	九寨沟地区古代人地关系和文化交流考古发掘研究	2019～2021年	四川省文物考古研究院、阿坝藏族羌族自治州文物管理所、四川大学历史文化学院	加州大学圣地亚哥分校人类学系、牛津大学考古学系、华盛顿州立大学	中国四川省
47	弥河流域区域系统调查	2019～2022年	山东省文物考古研究院、山东大学、上海大学	和以色列希伯来大学、海法大学	中国山东省
48	肯尼亚东部沿海斯瓦希里文化遗址考察	2019～2023年	故宫博物院	肯尼亚基西大学	肯尼亚东部沿海
49	祖尔法遗址发掘	2019～2024年	故宫博物院	阿联酋拉斯海马酋长国政府古物与博物馆部、美国杜伦大学考古系	阿联酋拉斯海马酋长国
50	吴哥古迹王宫遗址考古	2019～2024年	中国文化遗产研究院	柬埔寨吴哥古迹保护与发展管理局	柬埔寨吴哥
51	多布若瓦茨考古发掘与研究	2019～2024年	中国社会科学院考古研究所、郑州市文物考古研究院	罗马尼亚科学院雅西分院雅西考古研究所、雅西摩尔多瓦国家文化博物馆	罗马尼亚雅西市

附录 2：2012 ~ 2022 年中国与丝路国家举办展览一览表（一）

序号	展览名称	合作国家	展览地点	展览时间
1	国宝观澜——故宫博物院文物精华展	日本	日本东京国立博物馆	2012 年 1 ~ 2 月
2	北京猿人在韩国	韩国	韩国石壮里博物馆	2012 年 4 月 ~ 2013 年 3 月
3	中华大文明展	日本	日本东京、神户、名古屋等地	2012 年 10 月 ~ 2013 年 9 月
4	印象敦煌——中国文化展	土耳其	土耳其伊斯坦布尔市米玛尔锡南大学文化艺术中心	2012 年 11 月 ~ 2013 年 1 月
5	新加坡：蓝海福建文物大展	新加坡	新加坡滨海湾艺术科学博物馆	2012 年 11 月 ~ 2013 年 2 月
6	华夏瑰宝展	土耳其、卡塔尔等	土耳其、卡塔尔等国博物馆、美术馆	2012 ~ 2018 年
7	中国西域 丝路传奇展	日本	日本长崎孔子庙中国历代博物馆	2013 年 2 月 ~ 2014 年 1 月
8	百济金铜大香炉发现 20 周年特展	韩国	韩国国立扶余博物馆	2013 年 9 月
9	和光—鲁迅 日中友好儿童版画展	日本	日本东京新宿蓝布坂画廊	2013 年 10 月
10	鲁迅生平展	马来西亚	吉隆坡马来西亚创价学会	2013 年 10 月
11	中华名人展	巴基斯坦	巴基斯坦自然历史博物馆	2013 年 11 月
12	包容的北京：一座城市的成长	韩国	韩国首尔历史博物馆	2013 年 11 月 ~ 2014 年 2 月
13	颐和园世界文化遗产图片展	柬埔寨	柬埔寨暹粒吴哥古迹女王宫景区	2013 年 12 月
14	鲁迅生平与创作展览	尼泊尔	尼泊尔学院	2013 年 12 月
15	山东省·山口县友好 30 周年纪念展览：黄河与泰山展	日本	日本山口县立萩美术馆、浦上纪念馆 / 和歌山县立博物馆	2013 年
16	礼乐中国——湖北省博物馆馆藏商周青铜器特展	俄罗斯	俄罗斯国立普希金造型艺术博物馆	2014 年 3 ~ 4 月
17	丝国之路——中国丝绸艺术的历史和时尚展	巴林	巴林麦纳麦的巴林文化艺术中心	2014 年 4 月
18	十里红妆——中国浙东地区婚俗文物展	日本	日本长崎孔子庙中国历代博物馆	2014 年 6 月 ~ 2015 年 5 月
19	丝路拾珍——中国敦煌文化艺术展	蒙古国	蒙古国国家艺术画廊	2014 年 8 月
20	丝绸之路与创意城市展览	法国	法国巴黎联合国教科文组织总部	2014 年 9 月
21	超越历史和物质——中国当代丝绸艺术展	泰国	泰国曼谷文化中心	2014 年 11 月 ~ 2015 年 1 月
22	牵星过洋——中非海上丝路历史文化展	坦桑尼亚	坦桑尼亚国家博物馆	2014 年 12 月 ~ 2015 年 1 月
23	颐和园珍宝展	马来西亚	马来西亚博物馆局	2014 年 12 月 ~ 2015 年 3 月
24	丝绸之路的记忆——甘肃省和秋田县缔结友好关系 30 周年纪念文化交流展	日本	日本秋田县美术馆	2014 年
25	大彩契丹——辽宁省博物馆藏辽三彩特展	韩国	韩国国立大邱博物馆	2014 年
26	中国陕西省法门寺与大唐文化展	新加坡	新加坡亚洲文明博物馆	2014 年
27	碧海丝路东方之舟——泉州"海上丝绸之路"展览	文莱	文莱海洋博物馆	2015 年 4 月
28	兰房旧梦——中国明清贵族妇女生活展	日本	东京涩谷区立松涛美术馆	2015 年 6 ~ 7 月
29	历览前贤家与国：孙中山和他的亲属特展	新加坡	新加坡晚晴园（孙中山南洋纪念馆）	2015 年 6 ~ 10 月
30	大彩契丹——中国辽三彩文物特展	韩国	韩国国立大邱博物馆	2015 年 7 月
31	丝路之绸——两千年的亚洲东西文化交流	土耳其	伊兹密尔 AASSM 艺术中心	2015 年 7 ~ 8 月
32	古代佛教艺术展	韩国	韩国国立中央博物馆	2015 年 9 ~ 11 月
33	中塞文化对话展	塞浦路斯	塞浦路斯利马索尔区考古博物馆	2015 年 9 ~ 12 月
34	中国古代都城文物展——汉魏晋南北朝	韩国	韩国汉城百济博物馆	2015 年 9 ~ 12 月
35	汉风——中国汉代文物展	法国	法国国立吉美亚洲艺术博物馆	2015 年 10 月 ~ 2016 年 3 月
36	古代百济与洛阳佛教文化交流展——百济定林寺与北魏永宁寺	韩国	韩国国立扶余博物馆	2015 年 11 月
37	千年商都——广州商贸文化图片展	越南	越南胡志明博物馆	2015 年 11 月
38	吴冠中：大美无垠展	新加坡	新加坡国家美术馆	2015 年 11 月 ~ 2016 年 5 月
39	蔚蓝丝路——中国海上丝绸之路特展	马尔代夫	马尔代夫国家博物馆	2015 年 12 月
40	与古老成都对话	奥地利	奥地利茨布鲁克纳音乐厅	2015 年
41	中缅佛教艺术交流展	缅甸	缅甸仰光大金塔	2015 年
42	始皇和大兵马俑展	日本	东京国立博物馆等	2015 年
43	中华服饰艺术展	日本、韩国	日本山口县立萩美术馆、韩国国立春川博物馆	2015 ~ 2016 年
44	欢乐春节——五彩八桂民族服饰文化展	新加坡	新加坡中国文化中心中国文化中心	2016 年 1 ~ 3 月
45	丝路之绸——中国丝绸艺术	卡塔尔	卡塔尔博物馆	2016 年 3 ~ 5 月
46	亚洲之旅——与上海博物馆共同演绎展	日本	日本东京国立博物馆	2016 年 4 月 ~ 2017 年 2 月
47	"丝路起点，灿烂文明——陕西文化遗产"图片展	哈萨克斯坦	哈萨克斯坦国家博物馆	2016 年 7 月
48	"新安海底文化财发掘 40 周年纪念"的大型展览	韩国	韩国国立中央博物馆	2016 年 7 ~ 10 月
49	根脉寻踪——泉州百个家族移民马来西亚族谱展	马来西亚	马六甲朵云轩艺术馆	2016 年 9 月
50	盛世繁华——紫禁城清代宫廷艺术展	智利	智利总统府文化中心	2016 年 9 ~ 11 月
51	天涯若比邻——华夏瑰宝秘鲁行	秘鲁	秘鲁考古、人类学和历史博物馆	2016 年 9 ~ 12 月
52	"丝路瑰宝"展	拉脱维亚、立陶宛	拉脱维亚国家艺术博物馆、立陶宛国家美术馆	2016 年 10 月 ~ 2017 年 4 月
53	南澳 I 号——明代海上贸易展	韩国	韩国国立海洋文化财研究所	2016 年 11 月 ~ 2017 年 3 月
54	孔子和他的故乡：山东	韩国	汉城百济博物馆	2016 年
55	唯一的汉字，唯一的美——汉字的历史与美学	日本	日本东京富士美术馆等	2016 ~ 2017 年
56	北京与江户——18 世纪的都市与生活	日本	日本江户东京博物馆	2017 年 2 ~ 4 月
57	18 世纪的江户与北京	日本	日本江户东京博物馆	2017 年 2 ~ 4 月

序号	展览名称	合作国家	展览地点	展览时间
58	秦汉文明展	美国	美国纽约大都会博物馆	2017 年 4 ~ 7 月
59	景德镇御窑博物馆藏历代考古精品瓷器展	荷兰	荷兰代尔夫特王子纪念馆	2017 年 4 ~ 7 月
60	中国·内蒙古辽代文物精品展	蒙古国、荷兰	蒙古国国家博物馆、荷兰德伦特省博物馆	2017 年 4 ~ 10 月；2019 年 6 ~ 9 月
61	东西汇流——13 至 17 世纪的海上丝绸之路	德国、意大利	德国汉堡国际海事博物馆、意大利威尼斯宫国立博物馆	2017 年 6 ~ 9 月 2017 年 12 月 ~ 2018 年 1 月
62	中国秦始皇兵马俑文物展	哈萨克斯坦	哈萨克斯坦国家博物馆	2017 年 6 ~ 9 月
63	五彩八桂——广西少数民族服饰文化展	斯里兰卡	斯里兰卡中国文化中心	2017 年 9 月
64	秦砖汉瓦拓片题跋展	韩国	韩国国立忠北大学博物馆	2017 年 9 ~ 11 月
65	中国制造——阿曼多及清朝大师作品展	荷兰	荷兰阿美里斯维尔庄园博物馆	2017 年 9 月 ~ 2018 年 3 月
66	中华文化奇迹——北京房山云居寺历史文化展	缅甸	缅甸仰光舍利寺、曼德勒绿宝佛寺	2017 年 10 ~ 11 月
67	绣色——大连博物馆藏绣品展	日本	日本舞鹤市市政纪念馆	2017 年 10 ~ 11 月
68	广州建筑风貌展	越南	越南胡志明博物馆	2017 年 11 月
69	"甘肃丝绸之路文明"数字文物展	约旦	约旦扎尔卡市阿卜杜拉二世国王文化中心	2017 年 11 月
70	刺桐帆影——泉州海外交通史博物馆"海上丝绸之路"藏品展	日本	日本长崎历史文化博物馆	2017 年 11 月 ~ 2018 年 1 月
71	长风破浪——中斯海上丝路历史文化展	斯里兰卡	斯里兰卡科伦坡国家博物馆	2017 年 12 月 ~ 2018 年 1 月
72	洛阳唐三彩艺术展	波兰	波兰卢布林省图书馆（博物馆）	2017 年 12 月 ~ 2018 年 3 月
73	千年马约里卡：意大利法恩扎国际陶瓷博物馆典藏展	意大利	意大利法恩扎国际陶瓷博物馆	2017 年 12 月 ~ 2018 年 3 月
74	唐代胡人俑——丝路考古新发现	日本	日本大阪市立东洋陶瓷美术馆	2017 年
75	丝·赏：时尚中的女红	以色列	以色列特拉维夫中国文化中心	2018 年 3 月
76	北京猿人走进马来西亚	马来西亚	马来西亚国家博物馆	2018 年 3 ~ 6 月
77	让文物活起来——故宫文创展	日本	东京新大谷酒店	2018 年 5 月
78	中日瓦当书法篆刻艺术展	日本	日本石川县立美术馆	2018 年 8 ~ 9 月
79	"文白之变——民国大师与中国新文学"展览	日本	日本长崎孔子庙中国历代博物馆	2018 年 8 ~ 12 月
80	景德镇高温颜色釉瓷和青白瓷展	日本	日本东京中国文化中心	2018 年 9 ~ 10 月
81	辽阔的南海——广州与海上丝绸之路	塞浦路斯	塞浦路斯萨拉撒博物馆	2018 年 9 ~ 10 月
82	重文德之光华：重华宫原状文物展	希腊	希腊雅典卫城博物馆	2018 年 9 月 ~ 2019 年 2 月
83	丝茶瓷——丝绸之路上的跨文化对话	阿曼	阿曼国家博物馆	2018 年 10 ~ 11 月
84	青出于蓝——青花瓷的起源、发展与交流	乌兹别克斯坦	乌兹别克斯坦国家历史博物馆	2018 年 10 ~ 12 月
85	河北民间艺术三宝展	日本	日本鸟取县立博物馆	2018 年 11 月
86	华夏文明之源——河南文物珍宝展	卢森堡	卢森堡国家历史与艺术博物馆	2018 年 11 月 ~ 2019 年 4 月
87	画笔与线条——革命与漫画展	新加坡	新加坡晚晴园（孙中山南洋纪念馆）	2018 年 11 月 ~ 2019 年 7 月
88	文心万象——中国古代文人的绘画与生活	塞尔维亚	塞尔维亚国家博物馆	2018 年 12 月 ~ 2019 年 2 月
89	"古代东亚镇墓兽"展	韩国	韩国国立公州博物馆	2018 年 12 月 ~ 2019 年 2 月
90	神与人的世界——四川古代文明特展	意大利	意大利那不勒斯国家考古博物馆	2018 年 12 月 ~ 2019 年 3 月
91	东风西韵——紫禁城与海上丝绸之路	葡萄牙	葡萄牙阿茹达宫	2018 年 12 月 ~ 2019 年 3 月
92	丝路东延：中韩文化的互动展	韩国	韩国汉城百济博物馆	2018 年
93	山东古代陶瓷文化展	日本	山口县立萩美术馆·浦上纪念馆	2018 年
94	山东博物馆藏清人临书展	韩国	韩国国立韩古尔博物馆	2018 年
95	中乌联合考古成果展——月氏与康居的考古发现	乌兹别克斯坦	乌兹别克斯坦国家历史博物馆	2019 年 2 月
96	"孙中山与马来西亚"图片展	马来西亚	马来西亚槟榔屿中山会馆	2019 年 2 月
97	18 世纪的东方盛世及清高宗乾隆皇帝展	俄罗斯	莫斯科克里姆林宫博物馆	2019 年 3 ~ 5 月
98	多彩草原——呼伦贝尔民俗文物展	日本	日本长崎孔子庙中国历代博物馆	2019 年 4 ~ 7 月
99	梦回布哈拉——唐定远将军安菩夫妇墓出土文物特展	乌兹别克斯坦	乌兹别克斯坦国家历史博物馆	2019 年 6 ~ 9 月
100	再现妙笔繁华——八大山人书画精选展	日本	日本东京中国文化中心	2019 年 7 月
101	风雅江南——常熟博物馆藏文房珍玩展	日本	长崎孔子庙中国历代博物馆	2019 年 7 ~ 10 月
102	三国志展	日本	日本东京国立博物馆、九州国立博物馆	2019 年 7 ~ 9 月；2019 年 10 月 ~ 2020 年 1 月
103	"神秘的古蜀文明"特展	摩洛哥	摩洛哥拉巴特中国文化中心	2019 年 9 月
104	秦始皇——中国第一个皇帝与兵马俑	泰国	泰国曼谷国家博物馆	2019 年 9 ~ 12 月
105	魅力羊城图片展	越南	越南胡志明博物馆	2019 年 11 月
106	"礼乐·华章——中国湖北文物特展"暨"湖北，从长江走来"文化旅游图片展	印度	印度国家博物馆	2019 年 11 月 ~ 2020 年 1 月
107	美的瞬间：广西纺织文化展	韩国	韩国国立大邱博物馆	2019 年 12 月 ~ 2020 年 3 月
108	沈阳故宫藏清代珍宝展	韩国	韩国古宫博物馆	2019 年 12 月 ~ 2020 年 2 月
109	迎春接福——中国山东杨家埠木版年画贺年展	韩国	韩国首尔中国文化中心	2019 年
110	"连结文明·中亚：丝路使者翟门生的世界"文物展	俄罗斯、日本	日本美秀博物馆	2020 年 9 月
111	"平行时空：在希腊遇见兵马俑"线上数字展览	希腊	希腊国家考古博物馆	2021 年 9 月
112	从丝绸到丝绸之路	比利时	比利时西弗兰德应用科技大学孔子学院	2021 年 9 ~ 10 月
113	"家在青山绿水间：浙江乡土建筑"云展	布加勒斯特、斯德哥尔摩中国文化中心	10 余个海外中国文化中心	2021 年
114	丝绸与丝路：从杭州到撒马尔罕	乌兹别克	乌兹别克斯坦撒马尔罕国立博物馆	2022 年 7 月
115	"浙江考古与中华文明：浙江青瓷巡礼"云展	开罗、悉尼等	非洲开罗中国文化中心、大洋洲悉尼中国文化中心等	2022 年

附录3：2012 ~ 2022 年中国与丝路国家举办展览一览表（二）

序号	展览名称	合作国家	展览地点	展览时间
1	西安碑林国际临书展	日本	中国·西安碑林博物馆	1995 年 ~ 2020 年
2	清瓷雅韵——日本江户伊万里名瓷展	日本	中国·甘肃省博物馆	2012 年
3	古代珍宝展	哈萨克斯坦	中国国家博物馆	2013 年 11 月
4	柬埔寨王国吴哥世界文化遗产图片展	柬埔寨	中国·颐和园管理处	2013 年 9 月
5	和歌山风光图片展	日本	中国·山东博物馆	2014 年
6	玛雅：美的语言	墨西哥	中国国家博物馆	2014 年 11 月 ~ 2015 年 3 月
7	高棉的微笑——柬埔寨吴哥文物与艺术	柬埔寨	中国·首都博物馆、广东省博物馆、陕西历史博物馆	2014 年 12 月 ~ 2015 年 10 月
8	与神共舞：非洲雕刻艺术	非洲	中国·成都金沙遗址博物馆	2015 年 2 ~ 5 月
9	中日夹缬联合展——中国蓝夹缬·日本蓝板缔、红板缔	日本	中国·北京艺术博物馆	2015 年 3 ~ 5 月
10	孙中山与他的新加坡友人	新加坡	中国·辛亥革命纪念馆	2015 年 7 ~ 9 月
11	19 世纪吉尔吉斯人的物质文明展	吉尔吉斯斯坦	中国·大唐西市博物馆	2015 年
12	水路城市，首尔：清溪川的变迁	韩国	中国·首都博物馆	2015 年 ~ 2016 年
13	永恒之城——古罗马的辉煌	意大利	中国·成都金沙遗址博物馆	2016 年 1 ~ 4 月
14	罗马尼亚珍宝展	罗马尼亚	中国国家博物馆、四川博物院	2016 年 1 ~ 8 月
15	菩提的世界：醍醐寺艺术珍宝展	日本	中国·上海博物馆	2016 年 5 ~ 7 月
16	梵音东渡——日本醍醐寺国宝展	日本	中国·陕西历史博物馆	2016 年 7 ~ 9 月
17	中日佛教界纪念临济禅师涅槃 1150 周年书法展	日本	中国·河北博物院	2016 年 9 月
18	珍珠：来自江河海洋的珍宝	卡塔尔	中国国家博物馆	2016 年 9 月 ~ 2017 年 1 月
19	梵天东土　并蒂莲华：公元 400 ~ 700 年印度与中国雕塑艺术展	印度	中国·故宫博物院、福建博物院、浙江省博物馆、四川博物院	2016 年 9 月 ~ 2018 年 1 月
20	漂海闻见——15 世纪朝鲜儒士崔溥眼中的江南	韩国	中国·浙江省博物馆	2016 年 11 月 ~ 2017 年 2 月
21	中马关系：从古代到未来	马来西亚	中国·宁波博物馆	2016 年 12 月 ~ 2017 年 2 月
22	"阿拉伯之路——沙特出土文物"展	沙特	中国国家博物馆	2016 年 12 月 ~ 2017 年 3 月
23	北京与东京——18 世纪的都市与生活	日本	中国·首都博物馆	2017 年 2 ~ 4 月
24	浴火重光——来自阿富汗国家博物馆的宝藏	阿富汗	中国·故宫博物院、敦煌研究院、成都博物馆、郑州博物馆、深圳南山博物馆、湖南省博物馆、清华大学艺术博物馆、南京博物院	2017 年 3 ~ 2019 年 10 月
25	"超越时空的 600 年"图片展	菲律宾	中国·德州市博物馆	2017 年 9 月
26	金砖国家文化图片展	巴西、俄罗斯、印度、南非	中国·厦门国际会议中心	2017 年 9 月
27	茜茜公主与匈牙利：17 ~ 19 世纪匈牙利贵族生活展	匈牙利	中国·故宫博物院	2017 年 9 月 ~ 2018 年 1 月
28	纪念十月革命 100 周年——俄罗斯国家历史博物馆藏十月革命文物展	俄罗斯	中国国家博物馆	2017 年 11 月 ~ 2018 年 2 月
29	世界遗产丝绸之路展	哈萨克斯坦、吉尔吉斯斯坦	中国·香港历史博物馆	2017 年 11 月 ~ 2018 年 3 月
30	乡愁——日本近代浮世绘名品展	日本	中国·山东博物馆	2017 年
31	庞贝：瞬间与永恒——庞贝出土文物特展	意大利	中国·成都金沙遗址博物馆	2018 年 2 ~ 5 月
32	铭心撷珍——卡塔尔阿勒萨尼收藏展	卡塔尔	中国·故宫博物院	2018 年 4 ~ 6 月
33	亚洲内海——13 至 14 世纪亚洲东部陶瓷贸易展	韩国	中国·广东省博物馆	2018 年 4 ~ 8 月
34	无问西东——从丝绸之路到文艺复兴展	意大利	中国国家博物馆	2018 年 6 ~ 8 月
35	伟大草原遗产：珍宝艺术展	哈萨克斯坦	中国·陕西历史博物馆	2018 年 7 ~ 9 月
36	"流金溢彩——乌克兰博物馆文物及实用与装饰艺术"展	乌克兰	中国·故宫博物院	2018 年 9 ~ 11 月
37	爱琴遗珍——希腊安提凯希拉岛水下考古文物展	希腊	中国·故宫博物院	2018 年 9 月 ~ 2019 年 2 月

序号	展览名称	合作国家	展览地点	展览时间
38	"第二届日本工艺展 in 景德镇 九谷烧 2018 新锐展·巨匠展"纪念中日友好和平条约缔结 40 周年特展	日本	中国·景德镇中国陶瓷博物馆	2018 年 10～11 月
39	平民情怀——平山郁夫藏丝路文物展	日本	中国国家博物馆	2018 年 11 月～2019 年 2 月
40	胡志明主席在中国的足迹图片展	越南	中国·广州起义纪念馆	2018 年 12 月
41	平山郁夫的丝路世界——平山郁夫丝绸之路美术馆文物展	日本	中国·敦煌研究院	2018 年
42	欧亚大草原早期游牧民族文化——哈萨克斯坦中央国家博物馆文物精品展	哈萨克斯坦	中国·大唐西市博物馆	2018 年
43	心@匠 一吉川壶堂的传世巨作展	日本	中国·景德镇中国陶瓷博物馆	2019 年 2 月
44	"一衣带水：韩国传统服饰与织物展"暨"梅里云裳：嘉兴王店明墓出土服饰中韩合作修复与复原成果展"	韩国	中国丝绸博物馆	2019 年 3 月
45	慕道·臻艺——平山郁夫的丝路艺术世界	日本	中国·陕西历史博物馆	2019 年 3～6 月
46	归来——意大利返还中国流失文物展	意大利	中国国家博物馆	2019 年 4～6 月
47	殊方共享——丝绸之路国家博物馆文物精品展	柬埔寨、日本、哈萨克斯坦、拉脱维亚、蒙古国、阿曼、波兰、韩国、罗马尼亚、俄罗斯、斯洛文尼亚、塔吉克斯坦等 12 国	中国国家博物馆	2019 年 4～7 月
48	丝路岁月：大时代下的小故事	俄罗斯	中国丝绸博物馆	2019 年 6 月～2019 年 9 月
49	"釉彩国度：葡萄牙瓷板画 500 年"展	葡萄牙	中国·故宫博物院	2019 年 6～10 月
50	从地中海到中国——平山郁夫藏丝路文物展	日本	中国·洛阳博物馆、辽宁省博物馆	2019 年 6～12 月
51	天下龙泉——龙泉青瓷与全球化	伊朗、韩国等	中国·故宫博物院、浙江省博物馆	2019 年 7 月～2020 年 2 月
52	穆穆之仪：来自莫斯科克里姆林宫的俄罗斯宫廷典礼展	俄罗斯	中国·故宫博物院	2019 年 8～11 月
53	合作互鉴——中韩博物馆交流 20 周年特展	韩国	中国·洛阳博物馆	2019 年 9 月
54	哲匠之手——中日建筑交流两千年的技艺特展	日本	中国·宁波市保国寺古建筑博物馆	2019 年 9～11 月
55	光影赞歌——世界遗产摄影艺术展	日本	中国·陕西历史博物馆	2019 年 9～11 月
56	中韩缘·佛教艺术展	韩国	中国·敦煌研究院	2019 年 10 月
57	彩绘地中海：一座古城的文明与幻想	意大利	中国·四川博物院	2019 年 11 月～2020 年 2 月
58	日本因州和纸艺术展	日本	中国·河北博物院	2019 年 12 月
59	沧海之虹：唐招提寺鉴真文物与东山魁夷隔扇画展	日本	中国·上海博物馆	2019 年 12 月～2020 年 2 月
60	途·象——"上合组织"成员国肖像画艺术展	吉尔吉斯斯坦、巴基斯坦、俄罗斯、塔吉克斯坦、乌兹别克斯坦	中国·清华大学艺术博物馆	2019 年 12 月～2020 年 3 月
61	从地中海到中国——平山郁夫丝绸之路美术馆藏文物展	日本	中国·深圳博物馆	2019 年 12 月～2020 年 3 月
62	大美亚细亚——亚洲文明展	亚洲 47 国、埃及、希腊	中国国家博物馆、中国（海南）南海博物馆、孔子博物馆、河北博物馆	2019～2022 年
63	白色金子·东西瓷都——从景德镇到梅森瓷器大展	德国、日本	中国·上海市历史博物馆、大连博物馆、江西省博物馆、广州博物馆、郑州博物馆等	2019～2021 年
64	从地中海到中国：思路宝藏——平山郁夫丝绸之路美术馆藏文物展	日本	中国·长沙博物馆	2020 年 6 月
65	日本传统艺术和中日艺术家作品同济大学特展	日本	中国·同济大学博物馆	2020 年 12 月
66	山高水长·物象千年——丝绸之路上的文化交流	日本	中国·四川博物院	2020 年 12 月～2021 年 3 月
67	文明的万花筒——叙利亚古代文物精品展	叙利亚	中国·深圳市南山博物馆、成都金沙遗址博物馆、国家典籍博物馆	2021 年 12 月～2022 年 10 月
68	异彩纷呈：古代东西文明交流中的玻璃艺术	日本	中国·清华大学艺术博物馆	2022 年 1～5 月
69	意大利之源——古罗马文明展	意大利	中国国家博物馆	2022 年 7～10 月
70	澄凝灼烁——丝绸之路上的古代玻璃艺术	日本	中国·深圳博物馆	2022 年 12 月～2023 年 4 月

北 天 山 山 匈 奴
西域都护府 轮台 玉门关
龟兹
于阗 鄯善 敦煌
和田 南 阳关
仑 山 山 西 长安
西 羌 西安西北
汉
南海
徐闻
孟 州 拉 湾
中南半岛
罗
朝鲜半岛
本州岛
倭